당신이 주도하는
관계의 기술

당신이 주도하는
관계의 기술

1판 1쇄 인쇄 2020년 07월 27일
1판 1쇄 발행 2020년 08월 03일

지은이　　　 한창욱
펴낸이　　　 최윤하
펴낸곳　　　 정민미디어
주 소　　　 (151-834) 서울시 관악구 행운동 1666-45, F
전 화　　　 02-888-0991
팩 스　　　 02-871-0995
이메일　　　 pceo@daum.net
편 집　　　 정광희
표지디자인　 강희연
본문디자인　 서진원

ISBN 979-11-86276-88-4 (03320)

당신이 주도하는
관계의 기술

한창욱 지음

정민
미디어

세상살이가 답답하게 느껴질 때

명문대 어문계열을 졸업한 K군은 2년째 취업문을 두드리고 있다.

부전공은 경영학을 했고, 학점은 상위 20%에 들고, 토익과 토스는 고득점, 프랑스로 교환학생을 갔다 와서 불어 중급 자격증도 있다. 비록 단기였지만 금융권과 대기업에서 두 차례 인턴을 했고, 공모전 입상 경력, 한국사와 한자 자격증까지 있어서 스펙은 친구들과 비교해도 뒤처지지 않는다.

대기업 위주로 원서를 쓰는데 서류 통과 비율은 23%다. 과거의 선배들에 비하면 낮지만 또래들에 비하면 꽤 높은 편이다. 처음에는 헤맸던 인적성검사도 문제 유형을 파악하고 나니 통과 비율이 높아졌다. 그런데 마지막 관문인 면접에서 번번이 탈락의 고배를 마셨다.

면접 대비 소모임에도 가입해서 나름대로 준비해 가지만 면접관 앞에만 서면 어떻게 대답해야 할지 난감했다. 처음에는 생각과 소신을 펼쳤지만 탈락했고, 그 다음부터는 회사 쪽의 입장에서 답변했지만 또 다시 탈락했다. 똑같은 결과가 반복되다 보니 자신감은 갈수록 떨어졌다. 면접에 대한 두려움은 점점 커져서 대답하다가도 슬며시 면접관의 눈치를 보기에 이르렀다. 그러다 보니 자신감이 부족하다는 평가를 받기도 했다.

K군은 요즘 자나 깨나 오로지 한 가지 생각뿐이다.

'어떻게 하면 면접관들의 마음을 사로잡을 수 있을까? 비싼 비용을 지불하고서라도 면접 과외를 받아야 하는 것은 아닐까?'

직장 생활 4년 차인 P양은 올해 서른이다.

결혼 적령기가 늦춰지는 추세인 데다 독신자들이 늘어서 아직까지 노처녀 취급을 받고 있지는 않지만 그녀는 몹시 초조하다. 그 초조함은 거래처 박 대리에게 마음을 빼앗기고부터 점점 더 커져 가고 있다.

그녀는 지금까지 다섯 번 연애를 했다. 대학 다닐 때 세 명의 남자와 사귀었으나 3개월을 넘기지 못했다. 직장 다닐 때는 소개를 받아서 두 명의 남자와 사귀었으나 역시 3개월을 넘기지 못하고 헤어졌다. 그러다 보니 연애에 대한 자신감이 뚝 떨어졌다.

'나에게 문제가 있는 것은 아닐까?'

남녀가 만나다 보면 헤어지기 마련이라는 사실을 그녀 역시 모르는 것은 아니나 헤어지는 과정이 영 찜찜했다. 상대방이 마음에 안 들어서 헤어진 적은 한 번뿐이었고, 나머지 네 번의 헤어짐은 그녀의 의사와는 상관없는 이별이었다. 그중에서 세 번은 자신이 차인 뚜렷한 이유조차도 모른다는 데 문제의 심각성이 있었다.

'모처럼 마음에 드는 사람을 찾았는데 꼭 붙잡아야 해!'

P양은 굳게 결심하고, 틈틈이 동창들을 찾아다니며 연애의 기술을 배우고 있다. 그녀들의 이야기를 들을 때면 수긍이 가서 '맞아, 맞아!' 하고 맞장구를 치며 고개를 끄덕이지만 돌아서면 과연 그 방법이 먹힐까, 회의가 든다.

'내가 과연 박 대리님의 마음을 훔칠 수 있을까?'

중견기업에 다니는 R군은 가슴이 답답하다. 그에게는 동료나 상사들이 모르는 비밀이 하나 있다. 전에 다니던 직장에 관한 것이다.

R군은 대학 졸업과 동시에 대기업에 취직했다. 1년 6개월 남짓 다니던 그가 이직을 결심한 것은 대인 관계 때문이었다. 동기들과도 사이가 좋은 편은 아니었지만 특히 직계 상사와의 관계는 전생에 원수가 아니었을까 싶을 정도로 최악이었다. 소설이나 드라마에서나 나올 법한 여러 가지 상황을 실제로 겪고 나니 더 이상 버틸 재간이 없었다.

그는 남몰래 이직을 결심했고, 눈을 낮춰서 신입 사원으로 중견기업에 재입사했다. 물론 연봉으로는 적잖은 손해를 감수해야 했지만 출퇴근 시간이 준 데다, 복지 조건 역시 대기업 못지않아서 회사 생활에는 나름 만족하고 있다.

문제는 또다시 대인 관계에서 실패할지도 모른다는 불안감이었다. 여기서마저 망쳐 버리면 더 이상 갈 곳이 없었다. 특히 상사와 좋은 관계를 맺고 싶은데 어떻게 해야 좋을지 막막하기만 했다. 무작정 숙이고 들어갔다가는 만만히 볼 것 같고, 그렇다고 세게 나갔다가는 역효과를 불러올 것 같아서 하루하루가 살얼음판 위를 걷는 기분이다. 친구들은 주어진 일만 열심히 하면 된다며 용기를 불어넣어 주지만 불안감은 좀체 가시지 않는다. 경험에 의하면 직장 생활은 대인 관계가 90%라 해도 과언이 아니다. 진정 상사의 마음을 훔치는 비결 같은 건 없는 걸까?

증권사에 다니던 L은 40대 초반의 나이에 명예 퇴직했다. 그동안 모아놓은 돈도 좀 있고, 퇴직금도 적잖게 받았지만 놀며 지내자니 왠지 불안했다. 매일같이 '이제부터 뭘 해서 먹고 사나?' 고민하며 지인들을 찾아다녔다. 그러던 중 대학 선배가 운영하는 술집이 눈에 들어왔다. 홍대 인근에 위치한 술집인데 갈 때마다 손님들로 북새통을 이루었다.

L은 선배가 부러웠다.

"장사 잘되네요! 이 정도면 월 매출이 상당하겠는데요?"

"솔직히 돈은 좀 벌었다! 근데 10년 넘게 하다 보니까 이 생활도 지겹다, 지겨워. 다 처분하고 이민이나 가서 새로운 삶을 살려고 가게 내놨다."

가게를 내놓았다는 말에 귀가 솔깃했다. L은 입지 조건부터 꼼꼼히 살폈고, 3년 동안의 매출 장부까지 확인한 뒤에 가게를 인수했다.

한동안은 앉을 자리가 없을 정도로 장사가 잘됐다. 기존의 단골손님에다 L의 지인들까지 가세했기 때문이었다. 이 상태대로라면 금세 부자가 될 것 같았다. 그러나 부자의 꿈은 오래가지 못했다. 시간이 지나자 마치 가을날의 낙엽처럼 단골손님들이 우수수 떨어져 나갔다. 이민 절차를 마친 선배는 뉴질랜드로 떠났고, 전 재산을 투자해 가게를 인수한 L은 뒤늦게 한 가지 사실을 깨달았다. 술장사는 어느 곳에 가서 마시든 특별한 차이점이 없기 때문에 단골 확보가 가게 매출을 좌지우지한다는 것을.

요즘 L은 가슴이 답답하다. 금요일 저녁임에도 불구하고 텅 빈 좌석을 바라보고 있으면 한숨이 절로 나온다. 수시로 가게 앞에 나와서 거리를 배회하는 사람들을 바라보며 의문에 잠기곤 한다.

'선배가 할 때는 잘 됐는데 왜 나는 안 되는 걸까? 손님들의 마음을 확 사로잡는 방법은 없는 걸까?'

◆ ◆ ◆

요즘에는 대인 관계에 서툰 사람이 의외로 많다. 사람들이 대인 관계에 서툰 까닭은 마음이 어떻게 움직이는지에 대한 경험과 관찰이 부족하기 때문이다. 핵가족 시대인 데다 대부분의 시간을 공부하거나 인터넷을 하며 보내다 보니 마음에 대해서 생각해 볼 겨를이 없다.

마음은 주변 환경에 따라 시시각각 변한다. 시간이 흐르면서 세상이 변하듯 내 마음도 변하고 상대방의 마음도 변한다. 이러한 변화는 자연스러운 것이요, 예측 가능한 것이다. 마음은 시작이 있으며 종착점이 있다. 상대방의 마음을 사로잡으려면 먼저 마음이란 어떻게 생겨나서, 어떤 식으로 변화하고, 어디로 가는지를 알아야 한다.

인간은 생김새가 다르고 개성이 다르기 때문에 마음도 제각각일 것 같지만 그렇지 않다. 인간의 유전자는 99.9%가 동일하다. 0.1%의 차이뿐이 나지 않기 때문에 사이코패스 같은 극소수만 제외하고는 인간의 기본적인 본능이나 감정은 거의 같다고 할 수 있다.

따라서 마음이 무엇인가를 제대로 알고 나면 누구나 상대방의 마음을 사로잡을 수 있다. 노력하기에 따라서는 짧은 시간에도 대인 관계의 달인이 될 수 있다. 요즘은 기업마다 전문가를 환영하는데 대인 관계의 달인도 전문가로 인정하는 추세다.

나 역시 오랜 세월 대인 관계를 하며 노하우를 축적했지만 이 책을 집필하는 과정에서 수많은 지인들의 도움을 받았다. 물론 인간과 세상살이에 대한 관찰, 다독하는 독서 습관, 근본적인 해답을 찾기 위한 끊임없는 물음과 오랜 사색도 적잖이 도움이 됐지만 가장 큰 공로는 아낌없는 조언과 경험을 들려주신 분들에게 돌리고 싶다. 그분들이 없었더라면 원고는 다람쥐 쳇바퀴 돌듯이 여전히 같은 자리를 맴돌고 있으리라. 자신만의 노하우와 다양한 지식을 아낌없이 나눠 준 데 대해서 진심으로 감사드리는 바이다.

책을 집필하는 과정에 쏟았던 노력과 조심스런 탐색이 마침내 빛을 볼 단계에 이르렀다. 그동안 많은 어려움이 있었지만 대인 관계가 서툴러서 답답했던 분들의 가슴을 조금이라도 시원하게 해 줄 수 있다면 저자에게는 더없이 큰 기쁨이리라.

CHAPTER 1

마음을 알아야
마음을 연다

우리는 실제로 벌어진 일보다 앞으로 벌어질 일을 걱정하면서 마음의 고통을 겪는다.
-토마스 제퍼슨

걱정해도 소용없는 걱정으로부터 나를 해방시켜라. 그것이 마음의 평화를 얻는 지름길이다.
-데일 카네기

마음이란 무엇인가

과학의 발달은 인간에게서 수많은 신비를 앗아갔다. 달로부터 옥토끼를 앗아갔고, 무지개의 신비를 앗아갔으며, 밤하늘에 찬란히 빛나는 별들의 전설을 앗아갔다. 인류는 신비한 현상을 밝혀내기 위해서 적잖은 낭만을 그 대가로 지불했다. 마음도 그중 하나다.

마음은 어디에 있는가?

인류는 오랜 세월 동안 마음은 가슴속에 있다고 믿었고, 인간의 영혼은 마음속에 깃들어 있다고 생각했다. 근대 철학의 아버지이자 합리론의 대표 주자인 17세기 철학자 르네 데카르트 역시 육체와 정신은 별개의 것이라고 믿었다. 그 결과 자신의 저서인 《방법서설》에서 '나는 생각한다. 고로 존재한다.'는 이원론적인 논리를 펼쳤다. 그러나 뇌의 일부가 손상된 환자들을 치료하는 과정에서 뇌의 작용이 바로 마음이라는 증거가 나오기 시작했고, 뇌 속을 손금 들여다보듯이 볼 수 있는 MRI 같은 첨단 의료 장비의 출현으로 인해서 뇌 과학은 급속히 진보했으며 '마음=뇌'라는 학설이 점점 힘을 얻어가고 있다.

21년간 MIT의 뇌 인지과학과 교수로 재임하다가 2003년부터 하버드대 심리학과 교수로 재직하고 있는 스티븐 핑커는《마음은 어떻게 작동하는가 How the Mind Works》에서 '마음은 뇌의 활동인데, 뇌는 정보를 처리하는 기관이며 사고는 일종의 연산이다.'라고 주장했다.

책이 출간될 당시만 해도 '마음의 신비감'을 믿는 사람들은 다양한 학설 가운데 하나일 뿐이라고 일축했다. 그러나 지금은 '마음=뇌'라는 사실을 큰 거부감 없이 받아들인다. 아직까지는 뇌에 대한 연구가 진행되는 과정에 있기에 '몸과 뇌'보다는 '몸과 마음'이라는 말을 많이 사용하고 있지만, 마음이 지니고 있었던 신비감은 상당 부분 사라졌다.

뇌 과학의 발달로 인해, 인간의 마음에는 영혼이 깃들어 있어서 사람이 죽으면 그 영혼이 천국으로 간다는, 기존의 종교 이론 역시 힘을 잃어가고 있다. '마음=뇌'라는 사실이 밝혀지자 많은 이들이 무신론자로 돌아섰다. 그렇지만 이러한 논거가 신의 존재를 부인해도 좋을 만큼 강력하지는 않다. 우주의 신비를 몸소 체험하고 온 우주 비행사들이나 최첨단 물질을 연구하는 과학자 중에는 오히려 종교에 심취하는 경우도 적지 않다. 우주에는 인간의 지식이나 현대 과학으로 설명할 수 없는 현상이 무궁무진하기 때문이다.

뇌 과학은 21세기 들어서 가장 활발하게 연구되는 분야 중 하나다. 뇌에 대한 연구는 신경과학뿐만 아니라 심리학, 물리학, 유전학, 행동학, 동물학, 아동학, 경제학 등등… 실로 다양한 분야에서 이루어지고 있다.

유럽연합EU은 2013년부터 10년간 12억 유로1조7천억 원를 투입해서, 최신 뇌 과학 지식을 슈퍼컴퓨터에 입력해 인간의 뇌를 시뮬레이션하겠다는, 인간 뇌 프로젝트Human Brain Project, HBP를 추진하고 있다. 이 프로젝트에는 전 세계 80개 이상의 기관들이 동참하고 있는데, 현재 기술로는 실현이 불가능하다는 등, 기존의 뇌 과학 연구를 위한 프로젝트라기보다는 뇌 과학에 적용될 새로운 도구를 만드는 정보통신기술ICT 프로젝트라는 등 수많은 논란 속에서 조심스럽게 추진되고 있다.

이에 뒤처질세라 2013년 4월, 미국의 오바마 대통령은 인간 두뇌의 비밀을 밝혀낼 초대형 연구 프로젝트인 '브레인 이니셔티브'를 발표했다. 2014년부터 10년간 30억 달러3조2천억 원를 투입해서 '뇌 지도'를 밝혀낸 뒤, 알츠하이머나 자폐증과 같은 각종 뇌질환을 치료하겠다는 계획이다.

재정 적자에 시달리는 미국이 막대한 자금이 소요되는 뇌 과학에 매달리는 이유는 1990년대 국립보건연구원NIH이 주도하고 다수의 선진국 연구진이 참여했던 '인간 게놈 프로젝트'의 성공으로 단맛을 보았기 때문이다. 유전 정보를 활용한 의료진단과 치료법 등으로 오바

마 대통령의 표현에 의하면 '1달러의 투자가 140달러의 이득을 낳았다'고 한다.

뇌 과학은 미래 유망 산업으로서 의료산업과 IT산업에서 황금알을 낳을 가능성이 높다. 그렇기 때문에 막대한 예산과 우수 인력이 투입될 뇌 과학 프로젝트에 EU나 미국뿐만 아니라 일본, 독일, 중국, 인도, 한국, 싱가포르 등 대다수의 국가가 물불 가리지 않고 뛰어들고 있다.

뇌 과학에 일찍부터 관심을 기울였던 곳은 다국적 제약회사였다. 적잖은 자금을 투자해서 알츠하이머나 간질과 같은 질병을 치료하기 위한 연구에 매진했지만 워낙 뇌의 세계가 복잡하고 오묘하다 보니 정확한 원인을 규명하지는 못했다.

미래 산업인 '뇌'를 선점하기 위해서 세계 여러 곳에서 한바탕 전쟁을 치르듯 뇌 과학 연구가 이루어지고 있다. 머잖아 뇌에 대한 신비 역시 말끔히 벗겨지리라. 그렇게 되면 질병 치료는 물론이고, 인류의 실생활에도 많은 변화가 찾아올 것이다.

뇌를 안다는 것은 곧 마음을 안다는 것이다. 뇌 지도가 완성되면 인류는 그동안 알 수 없었던 마음을 이해할 수 있게 된다. 친구가 명품 백을 샀는데 왜 내 마음이 울적한지 정확히 알게 되고, 상사의 말과 행동이 이해되지 않을 때에는 컴퓨터에 입력하면 상사의 마음을 간단히 읽을 수 있게 된다. 그날이 오면 더 이상 상대방의 마음을 몰라서 가슴 앓이하지 않아도 된다.

프랑스의 철학자 알랭 바디우는 '걱정 없는 인생을 바라지 말고, 걱정에 물들지 않는 연습을 하라.'고 조언한다. '마음=뇌'이다. 남자는 여자하기 나름이듯이 뇌는 길들이기 나름이다. 행복한 삶을 살고 싶다면 불행한 생각을 오래 붙들고 있지 마라. 그것들은 마치 수갑과 같아서, 벗어나려고 몸부림치면 칠수록 점점 조여 온다.

마음도
진화할까

"마음도 진화할까요?"라고 물으면, 대다수가 고개를 갸웃거리며 쉽게 대답하지 못한다. 대신 "뇌는 진화할까요?"라고 물어야만, 그제야 확신을 갖고 "네!" 하고 대답한다. 물론 창조론을 믿는 사람들은 여전히 대답을 꺼리지만. 그렇다면 인간의 뇌는 어떻게 진화해 온 걸까.

영국 BBC 다큐멘터리 〈인류 진화의 열쇠〉에 의하면 인간의 뇌는 오랜 세월에 걸쳐 조금씩 용량이 커졌다. 700만 년 전 출현한 인간의 조상인 원인猿人으로 침팬지와 유사했던 사헬란트로푸스 차덴시스의 뇌 용량은 335ml, 250만 년 전 인류 최초로 도구를 사용한 호모하빌리스의 뇌 용량은 650ml, 180만 년 전 최초로 불을 사용한 호모에렉투스의 뇌 용량은 1,000ml, 약 60만 년 전에 출현해서 구석기 시대에 살았을 것으로 추정되는 호모 하이델베르겐시스의 뇌 용량은 1,250 *ml*, 20만 년 전에 출현해서 현생 인류의 조상이라 불리는 호모 사피엔스의 뇌 용량은 1,466 *ml*이다. 현재 인류의 뇌 용량은 1,350 *ml*이다. 고래나 코끼리의 경우에서 보듯이 뇌 용량이 크다고 해서 머리가 좋은 것은 아니지만 사헬란트로푸스 차덴시스에 비하면 4배 가깝게 뇌의 용량이 늘어났다. 이렇게 뇌가 커진 데는 여러 가지 학설이 있는데 그중 두 가지가 나름대로 설득력이 있다.

하나는 직립 보행을 하면서 도구를 사용하다 보니 손의 움직임을 담당하는 뇌의 부위가 커지면서 뇌가 커졌다는 학설이다. 다른 하나는 불을 사용해서 익힌 고기를 먹게 되면서 뇌의 용량이 커졌다는 학설이다. 익힌 고기를 먹다 보니 턱의 크기가 작아지면서 치아 크기 또한 작아졌고, 날 것을 소화하기 위해서 길어야만 했던 소장과 대장의 길이가 짧아졌고, 영양분을 효율적으로 흡수하게 되면서 위와 장에서 사용하던 열량은 줄어들고 대신 뇌에서 사용할 수 있는 열량이 늘어나면서, 그 영향으로 뇌가 커졌다는 학설이다. 그러나 현재 인류의 뇌 용량은 호모 사피엔스에 비교하면 크기가 많이 줄어들었다. 인류 문명이 발달하고 분업화되면서 뇌의 에너지 사용이 줄어들어, 뇌의 기능 또한 좀 더 효율적으로 바뀌었다는 게 학자들의 주장이다.

미국국립건강연구소 폴 맥클린 박사는 인간의 뇌는 오랜 세월에 걸쳐서 조금씩 진화했다고 주장한다. 그는 1967년 진화론에 근거해서 뇌를 세 단계로 분류했다. 심장 박동과 호흡 등 생명 활동과 관련된 뇌간, 감각과 두려움, 쾌락 등과 같은 일을 맡아서 처리하는 소뇌, 운동 및 움직임을 통제하는 기저핵이 차지하고 있는 뇌의 맨 아래쪽은 파충류의 뇌와 유사하다고 하여 '파충류의 뇌'라 이름하였다.

파충류의 뇌를 감싸고 있는 가운데 부분은 감정을 담당하는 편도체, 장기기억을 저장하는 해마, 감정을 주고받는 시상, 배고픔과 갈증과 본능을 담당하는 시상하부 등으로 이루어져 있다. 이 부분은 집단생활을 하는 포유동물에게 발달되었다고 해서 '포유류의 뇌'라 한다.

바깥쪽에서 뇌를 감싸고 있는 대뇌피질은 가장 최근에 형성되었다고 해서 신피질Neocortex이라 부르는데, 모든 동물 중 인간이 가장 발달해 있다고 해서 '인간의 뇌'라고 한다. 신피질은 언어 능력, 추리 능력, 지능, 의지력, 판단력 등과 같은 이성적이면서도 복잡한 기능을 담당한다.

전자 공학 박사 출신으로《뇌, 생각의 출현》,《그림으로 읽는 뇌 과학의 모든 것》을 펴내고, 전국을 돌며 뇌 과학 강의를 하고 있는 박문호 박사는 '인간의 두뇌는 5억 년 진화의 산물'이라고 말한다.

인간의 뇌가 진화의 산물이라면 인간의 뇌는 앞으로도 계속 진화할까? 뇌는 계속 진화하겠지만 과학의 급속한 발달로 인해 새로운 뇌를 창조하게 될 가능성이 높다. AI Artificial Intelligence, 인공지능가 바로 그 것이다. 가까운 미래에 등장하게 될 인공지능에 대해서는 호불호가 갈린다.

전기자동차 테슬라의 CEO인 엘론 머스크 회장은 2014년 8월 트위터를 통해, "인류의 현존하는 가장 큰 위협은 AI다. 인공지능은 핵무기보다 더 위험할 수 있다. 인간이 디지털 초지능을 위한 생물학적 장치로 전락할 가능성이 커지고 있다."며 우려했다.

세계적인 물리학자인 스티븐 호킹 박사 역시 2014년 12월 BBC와의 인터뷰에서 "기계는 자신의 한계를 초월해 빠른 속도로 스스로를 재설계할 것"이라면서 "인공지능이 인류의 종말을 초래할 수도 있다"며 무분별한 AI 개발은 뇌의 진화 속도가 느린 인류를 위협할 것이라 경고했다.

마이크로소프트 창업자이자 2년 연속 세계 최고 부자로 선정된 빌 게이츠도 2015년 1월 미국 온라인 매체인 '레딧'에서 네티즌들과 토론하며, "나는 인공지능을 우려한다. 인간은 인공지능이 가할 위협을 걱정해야 한다."고 말했다. 그러나 많은 과학자와 기업인들은 인공지능이 인류의 삶을 안락하고 풍요롭게 할 것이라는 데 뜻을 같이 하고 있다. 우리에게 필요한 것은 적절한 통제지 반대가 아니라는 뜻이다.

인공 지능이 탄생한다면 인간의 뇌는 더 이상 진화할 필요가 있을까? 뇌는 자극을 받아야 진화한다. 뇌를 쓰지 않아도 또 다른 무엇이 생각과 행동을 대신한다면 뇌는 진화를 멈출 수도 있다.

미래 인류는 공상 영화에서처럼 인공지능을 갖춘 로봇의 손에서 태어나서, 나의 마음을 누구보다 깊이 헤아려 주는 로봇과 친구처럼 지내다가, 로봇의 품에 안겨서 죽음을 맞이하게 될지도 모른다.

알버트 아인슈타인은 "인생을 살아가는 데는 오직 두 가지 방법뿐이 없다. 하나는 아무것도 기적이 아닌 것처럼, 다른 하나는 모든 것이 기적인 것처럼 살아가는 것이다."라고 말했다.

인간의 뇌는 변신술의 귀재여서 전자로도 살아갈 수 있고 후자로도 살아갈 수 있다. 어떤 삶을 선택하느냐는 오로지 개개인의 몫이다. 만약 전자를 선택한다면 뇌는 세상의 모든 일들을 지극히 평범하게 받아들이기 시작하고, 후자를 선택한다면 지극히 평범한 일들마저 기적으로 받아들인다.

모험에 가득 찬 멋진 인생을 살고 싶다면 당연히 후자를 선택해야 하고, 지극히 안정적인 삶을 살고 싶다고 하더라도 후자를 선택해야 한다. 인생이 인간의 뜻대로 펼쳐지는 건 아니지만 기대감마저 없다면 지극히 단조로운 게 인생이기 때문이다.

마음은 어디까지 유전될까

　김동인의 단편소설 《발가락이 닮았다》는 '자식은 반드시 부모의 유전자를 일정 부분 물려받는다.'는 전제가 깔려 있다. 소설 속 M은 방탕한 성생활로 생식기능이 사라졌다. 그러나 아내가 임신을 하고 아이를 낳는다. 아이가 아파 의사인 나를 찾아온 M은 아이가 증조부를 닮았다면서, 자신은 가운데 발가락이 긴데 아이도 가운데 발가락이 길다고 말한다. 오죽 닮은 데가 없으면 발가락이 닮았다고 하겠는가.

　인간의 외모는 유전된다. 피부색부터 이목구비, 머리카락까지 부모의 유전자로부터 자유로울 수 없다. 유전학이 발달하기 훨씬 전부터 '씨도둑은 못한다.'는 속담이 있었다. 사람들은 축적된 경험과 자료를 통해서 외모가 유전된다는 사실을 깨달은 것이다.

각종 질병도 유전된다. 암, 고혈압, 당뇨에서부터 조울증, 자폐증, 정신분열증, 정신박약, 간질 등은 유전될 확률이 높다. 또한 색맹, 근시, 사시와 같은 안과 질환도 유전으로부터 자유롭지 못하다.

성격에 대해서는 유전이냐, 환경에 의해서 형성되느냐를 놓고 학자들마다 의견이 분분하다. 최근 연구 결과에 의하면 성격은 유전되며 환경의 영향도 받는다고 인정하는 분위기다. 각각이 차지하는 퍼센트는 학자들마다 차이가 있어서 좀 더 세밀한 연구가 필요해 보인다.

그렇다면 인간의 지능은 유전될까?

이 역시 유전과 환경의 영향을 놓고 어느 정도까지 유전이 되느냐에 대해서 의견이 분분하다.

아동학자들이 주장하는 대로 어렸을 때는 성장 환경이 지능에 미치는 영향이 크다. 그러나 유전적 요소 또한 무시할 수 없다. 일란성 쌍둥이를 대상으로 한 연구 결과를 보면 어렸을 때는 환경적 요인에 의해서 영향을 받았다 하더라도, 나이를 먹어갈수록 서로 닮아가면서 동일한 취미와 습관을 갖는다. 입양아를 대상으로 한 연구 결과 역시 이와 유사해서 어렸을 때는 환경에 따라 달라지지만 나이를 먹어가면서 양부모가 아닌 친부모의 지능을 닮아간다. 이런 점으로 미루어 볼 때 인간의 지능은 성장 환경에 따라 달라지기도 하지만 상당 부분 유전됨을 알 수 있다. 보다 정확한 유전적인 원인을 알고자 여러 학자들이 수많은 사람들의 게놈에서 DNA를 분석하여 지능과 관련된 요소를 찾고자 했으나 모두 실패했다.

얼마 전 중국 최대의 게놈연구소 BGI^{Beijing Genomics Institute}의 인지유체학 연구소에서 IQ 160 이상인 사람들로부터 확보한 DNA 표본을 가지고 유전자 염기 서열을 추출하는 슈퍼컴퓨터로 분석 작업을 하고 있다고 발표했다. 삼만 명에 한 명꼴이라는 IQ 160 이상인 사람의 DNA를 선택한 까닭은, 또래 집단보다는 높은 지능을 보유한 집단의 유전체와 일반인 집단의 유전체를 비교 분석할 때, 차이점을 발견하기가 용이하기 때문이다.

이와 유사한 연구가 미국에서도 이뤄지고 있다. 벤처 갑부인 조너선 로스버그는 MIT의 물리학자인 맥스 테그마크와 공동으로, 미국의 명문 대학에 재직 중인 약 400명의 수학자와 이론물리학자들을 참여시켜 '아인슈타인 프로젝트'를 출범했다. 그들은 로스버그가 개발한 이온 토렌트^{Ion Torrent}라는 장비를 사용하여 수학 천재들의 유전체를 분석하고 있다. 그러나 워낙 까다로운 작업이다 보니 유전에 관여하는 지능 유전체를 찾아내기까지는 다소 시간이 필요해 보인다.

인간의 마음을 읽기 어려운 까닭은 앞에서 본 바와 같이 유전적인 요소도 있지만 환경적인 요소도 무시할 수 없기 때문이다. 선물을 예로 든다면, 인간은 누군가로부터 선물을 받으면 기뻐한다. 이는 오랜 경험을 통해서 인간의 유전자 속에 박혀 있는 본능과 같은 것이다. 하지만 선물을 뜯어보았을 때 느끼는 감정은 제각각이다. 실망하는 사람도 있고, '나쁘지 않네.'라고 생각하기도 하고, 펄쩍펄쩍 뛰며 몹시 기뻐하는 사람도 있다. 선물의 종류에 따른 각기 다른 반응은 후천적 요인인 성장 환경과 깊은 연관이 있다.

상대방의 마음을 사로잡으려면 유전적인 요인 못지않게 후천적 요인도 함께 살펴야 한다. 훗날에는 상대방의 전체 유전자를 해독한 게놈 지도를 확보하고, 빅 데이터를 통해서 성장 환경을 살펴보면 상대방의 마음에 쏙 드는 선물이 무엇인지 찾을 수 있으리라. 그러나 아직까지는 세심한 관찰과 심리를 바탕으로 상대방의 마음을 두드려야 한다. 어찌 보면 피곤할 수도 있는 일이지만 상대방의 반응을 정확히 예측할 수 없으니 이 또한 흥미진진한 일이 아니겠는가.

프랑스의 사상가이자 수학자인 파스칼은 "지혜가 깊은 사람은 자기에게 무슨 이익이 있음으로 해서 사랑하는 것이 아니다. 사랑한다는 자체 속에서 행복을 느낄 수 있기 때문에 사랑하는 것이다."라고 했다. 누군가를 사랑하고, 무언가를 사랑한다는 사실을 두려워하지 말라. 뇌는 누가 시키지 않아도 스스로 행복을 찾아간다.

CHAPTER 2

마음을 움직이는
에너지, 관심

환심을 사려면 그 사람을 끌려고 하기보다 먼저 그 사람에게 순수한 관심을 두는 것이 훨씬 낫다.
−데일 카네기

남이 당신에게 관심을 갖게 하고 싶거든, 당신의 눈과 귀를 닫고 있지 말고
다른 사람에게 관심을 표시하라.
이 점을 이해하지 않으면, 아무리 재간이 있고 능력이 있더라도 남과 사이좋게 지내기는 불가능하다.
−데로랜스 굴드

나에게 먼저 관심을 가져라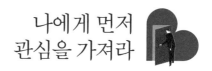

인간은 고독한 존재다. 정현종 시인의 〈섬〉이라는 시는 고독한 현대인들의 마음을 잘 드러내고 있다.

> 사람들 사이에 섬이 있다.
> 그 섬에 가고 싶다.

현대인은 저마다 섬이 되어 망망대해 위에 떠 있다. 홀로 살아간다는 것은 외롭고도 쓸쓸한 일이다. 다른 사람이 살고 있는 섬에 가려면 배를 타고 가든 다리를 놓아야만 한다.

관계는 맺고 싶지만 관계를 맺는다는 게 쉽지 않다. 사람이나 만남

자체를 좋아한다면 흥미롭고 설레는 일이지만 번잡함을 싫어한다면 번거롭고 귀찮은 일이다. 그럼에도 불구하고 관계를 맺어야만 세상을 원활하게 살아갈 수 있다.

그렇다면 관계를 잘 맺으려면 어떻게 해야 할까?

모든 관계의 중심에는 관심이 있다. 관심을 갖는 것으로 시작해서 관심이 사라지면 관계는 끝이 난다. 따라서 관심을 제대로 알고 있다면 대인 관계에 대해서는 달인이라고 해도 무방하다.

관심에는 9단계가 있다. 첫 번째 단계는 바로 나에 대한 관심이다.

관계란 쉽게 생각해서 제도 시간에 사용하던 컴퍼스를 연상하면 된다. 한 축에는 내가 있고, 다른 한 축에는 '너'가 있다. 나를 중심으로 삼아 원을 그리면 그 안에 우리의 관계가 형성된다. 관계를 형성하기 위해서는 '너'가 필요하다. 그러다 보니 '나'라는 존재 자체를 소홀히 하거나 무시하기 쉽다.

여러 사람들과 관계를 잘 맺기 위해서는 중심축인 '나'에 대한 관심부터 가져야 한다. 내가 없는 '너'는 의미가 없다. 내가 없는 '우리' 또한 의미가 없다. 내가 있어야만 네가 있고, 내가 있어야만 우리가 있다.

대인 관계의 달인에게는 두 가지 공통점이 있다.

첫째, 나 자신을 잘 안다 | 내가 외향적인 성격인지 내향적인 성격인지를 먼저 파악하고 있어야만 상대방의 성격을 파악해서 적절하게

대처할 수 있다. 상대가 내향적인 성격이고 나는 외향적인 성격인데, 내가 재미있다고 해서 상대를 내가 좋아하는 곳에 데려간다면 관계는 틀어질 수밖에 없다. 또한 나의 장단점을 정확히 파악하고 있어야 한다. 그래야 상대방이 나의 장점을 칭찬할 때 겸손해질 수 있고, 단점을 짚어도 화를 내지 않고 웃으며 넘길 수 있다.

둘째, 자존감이 높다 । '자존감'은 대인 관계에서 무척 중요하다. 대인 관계란 실타래처럼 술술 풀리지 않는다. 사람들의 말과 행동은 대개 여러 가지 의미를 담고 있다. 한 가지 뜻만 정확하게 내포하고 있는 말과 행동은 많지 않다. 상대가 그냥 순수하게 한 말일지라도 내가 어떻게 받아들이느냐에 따라서 여러 가지로 해석이 가능하다.

대인 관계에 서툰 사람들은 쉽게 상처 입는다. 자존감이 낮기 때문이다. 예를 들어서 상사가 "당신 바보야? 아니, 무슨 일을 이따위로 처리해!" 하고 화를 냈을 때 자존감이 낮은 사람은 절망하고 분노한다. 상사 앞에서는 수치심 때문에 대꾸도 하지 못하다가, 돌아서면 종일 상사의 말을 속으로 씹고 또 씹는다.

'나더러 바보라고… 지가 잘났으면 얼마나 잘났다고!'

반면 자존감이 높은 사람은 나에 대한 공격이 아닌, 일 처리에 문제가 있었음을 깨닫고 바로잡기 위해서 노력한다.

"죄송합니다! 잘못된 점을 알려 주시면 바로잡겠습니다."

'바보'라는 말을 들어서 순간석으로 기분이 나빴지만 이내 잊어버린다. 자신이 바보가 아님을 너무도 잘 알기 때문이다.

인간은 자신을 과대평가하는 경향이 있다. 거품을 걷어내고 객관적으로 나를 파악할 필요가 있다. 다른 사람들이 나를 어떻게 생각하고 있는지에 대한 솔직한 의견을 듣는다면 나의 실체를 파악하기가 한결 수월해진다.

나를 다방면에서 파악해 보자.

'나는 누구인가?'라는 질문은 철학 입문과도 같다. 너무 광범위해서 선뜻 대답하기가 곤란하므로, 구체적으로 질문을 던져 보자.

나는 어떤 꿈을 꾸고 있는가?

나는 지금 어디를 향해 가고 있으며, 어느 지점에 서 있는가?

나는 내향적인 성격인가 외향적인 성격인가?

나는 인생의 가치를 어디에다 두는가?

나에게 있어서 대인 관계는 어느 정도로 중요한가?

나에 대해서 질문하고 답하다 보면 나의 실체를 알게 된다. 나조차도 모르는데 상대를 안다는 건 사실상 불가능한 일이다. 조화로운 관계는 나를 알고 나서, 상대를 알 때 제대로 이뤄진다. 대인 관계의 달인이 되고 싶다면 먼저 나에 대해서 관심을 갖고, 나를 파악하라.

《탈무드》에서는 "자기를 아는 것이 최대의 지혜다."라고 말한다. 뇌는 자신에 대해서 특별한 관심을 갖고 있다. 뇌는 의식중이든 무의식중이든 자신에 관한 정보를 채집하는 습성을 지니고 있다. 여러 사람이 인사를 해도 자신의 이름을 불러 주는 사람의 얼굴을 기억하고, 수많은 사람들이 오가는 광장에서도 나에 대한 비방만을 골라서 듣고, 나를 바라보는 눈길만 봐도 나에 대해서 적개심을 품고 있나, 호감을 품고 있나 알아낸다.

그러나 뇌는 셜록 홈즈처럼 냉정한 탐정은 아니다. 나에 대한 정보를 과대평가하거나 임의적으로 나에게 유리하게끔 조작하는 경향이 있다. 따라서 나를 제대로 알고 싶다면 객관적인 자료를 토대로 보다 냉정하게 평가할 필요가 있다.

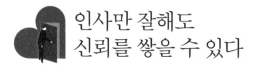

인사만 잘해도
신뢰를 쌓을 수 있다

"사랑은 첫인상과 함께 시작된다!"

셰익스피어의 명언이다.

사람의 첫인상을 좌우하는 것이 바로 인사다. '인사만 잘해도 성공한다.'는 말도 있지 않은가. 인사를 잘한다면 일단 사회생활을 제대로 하기 위한 기본은 갖췄다고 볼 수 있다.

인사는 관심의 2단계이다. 대인 관계에서 인사가 중요한 까닭은 인사가 당신에게 관심이 있음을 전달하는 일차적 표현 방식이기 때문이다. 또한 인사는 향후 공간의 분위기를 결정짓는 키Key가 되기도 한다. 예를 들어 첫 거래를 하는 장소에서 서로가 어떻게 인사를 하느냐에 따라 협상 분위기가 달라진다. 서로 웃으며 기분 좋게 인사하고 시작하면 협상이 활기차게 진행된다. 둘 중 한 사람이라도 무표정한 얼굴로 무겁게 인사하면 분위기는 가라앉고, 은연중 '협상이 잘 될까?' 하는 회의적인 생각을 품게 된다.

선을 보거나 소개팅 할 때도 마찬가지다. 첫인상이 중요한 만남이기에 선하다는 느낌을 주어야 한다. 남자의 경우, 분위기를 경직시킬 수 있으므로 지나치게 정중한 인사는 피하는 게 좋다. 여자를 편안하게 만드는 노하우가 필요한 자리이므로 인사도 상대방의 나이에 맞게 '맞춤 인사'를 해야 한다. 여자의 경우, 자신의 매력을 충분히 어필할 수 있도록 인사하는 게 좋다. 활기찬 성격이면 밝게, 차분한 성격이면 친근감 있게 인사해야 한다.

첫 단추를 잘못 꿰면 줄줄이 잘못 꿰게 되는 것처럼, 인사는 별것 아닌 것 같지만 전체 분위기를 바꾼다. 부서에 인사 잘하는 신입 사원이 들어오면 업무 분위기가 달라진다. 인사를 잘하는 데는 4가지 원칙이 있다.

첫째, 소리 내서 인사하라 | 공연장이나 도서관 같은 공공장소가 아닌 이상 반드시 "○○님, 안녕하세요!" 하고 입 밖으로 소리 내서 인사해야 한다. 목례를 하거나 허리만 굽히는 건 마지못해 인사한다는 인상을 준다. 이런 사람은 무슨 일을 해도 마지못해 한다는 느낌을 준다.

둘째, 호칭과 함께 불러라 | 인사를 할 때는 반드시 "김 대리님, 안녕하세요!" 하고 호칭을 함께 불러야 한다. 직장인들은 수많은 사람들과 인사를 주고받는다. 그들을 일일이 기억해야 하는 뇌로서는 무척 피곤한 일이다. 그래서 뇌는 자신의 이름을 부르지 않는 사람은 슬쩍 기억에서 지운다. 가까운 사람이나 중요한 사람으로 인식되고 싶다면 반드시 호칭을 함께 불러 줘야 한다.

셋째, 미소를 지어라 | 누군가와 마주치면 인간은 본능적으로 상대방의 인상부터 살핀다. 적인지 아군인지, 호감을 갖고 있는지 반감을 갖고 있는지 파악해야만 생존에 유리하기 때문이다. 미소를 확인하는 순간, 뇌는 아군이고 나에게 호감을 갖고 있다고 판단한다. 만약 무표정하거나 화난 인상을 하고 있다면 방어기제가 발동해서 경계를 하게 된다.

넷째, 눈을 맞춰라 | 눈은 마음을 드러내는 창이다. 눈을 보면 다음 행동을 예측할 수 있다. 격투기 선수들이 서로 눈을 보며 시합하는 것도 눈동자 속에서 상대방의 다음 공격을 읽을 수 있기 때문이다. 초원의 동물들도 마찬가지다.

눈을 마주치지 않으면 상대방의 마음을 읽을 수 없기 때문에 불안하다. 눈길을 회피하며 하는 인사는 형식적인 인사처럼 여겨지고, 피하려 한다는 느낌을 준다. 단둘이 만났을 때는 물론이고, 회사에 출근해서 부서 사람들에게 인사할 때도 일일이 눈을 마주치며 인사해야 한다.

인사는 크게 가벼운 인사와 정중한 인사로 나눌 수 있다.

동료나 후배에게는 가벼운 인사가 좋다. 가벼운 인사를 할 때는 손을 들어올리는 등의 제스처를 취하며, 미소와 함께 "좋은 아침!", "안녕!" 하고 말을 건넨다. 가벼운 인사는 '열심히 사는 동료', '활기 넘치는 선배'라는 인상을 심어 준다.

반면 선배나 상사에게는 정중한 인사를 해야 한다. 정중한 인사는 스튜어디스 인사법을 생각하면 된다. 양손을 앞으로 가지런히 모으고 미소를 지은 채 "○○○ 님, 안녕하십니까!", "오랜만입니다, ○○○ 선배님!" 하고 소리 내어 말하면서 45도 각도로 허리를 숙이는 것이다. 선배나 상사는 은연중에 존중받기를 원한다. 친한 사이일수록, 오랜만에 만난 사이일수록 인사만큼은 정중하게 해야 한다.

대인 관계를 잘하려면 마음을 얻는 게 중요하다. 마음을 얻으려면 신뢰를 쌓아야 하는데, 신뢰는 자주 보는 사람이 일관된 행동을 할 때 조금씩 쌓인다. 인사만 잘해도 신뢰를 얻을 수 있고, 마음을 훔칠 수 있다.

스위스의 철학자인 헨리 F. 아미엘은 "신뢰란 유리거울 같은 것이다. 한 번 금이 가면 원래대로 하나가 될 수 없다."고 말한다. 인간의 뇌는 컴퓨터의 중앙처리장치처럼 수많은 정보를 처리한다. 한정된 에너지를 갖고서 정보를 처리하다 보니 아군과 적군을 가르고, 한 번 내린 판단은 별다른 일이 없는 한 계속 유지하려는 경향이 있다. 타인에게 신뢰를 얻는 것도 어렵지만 한 번 신뢰를 잃으면 다시 복구하기 어려운 이유도 그 때문이다.

만약 누군가의 마음을 훔치고 싶다면 자주 만나라. 잦은 만남은 뇌에게 '아군인가, 적군인가?'를 결정하라고 압박을 가하게 되고, 좋은 인상을 심어 주었다면 그는 당신을 별다른 조건 없이 아군으로 받아들이게 될 것이다.

특별한 인상을
심어 주는 경청법

경청은 관심의 3단계다.

마음을 사로잡고 싶다면 상대에게 다가가 그가 하는 말을 경청하라. 자고로 관심 없는 사람의 이야기에는 귀를 기울이지 않는 법이다. 누군가의 이야기를 진지하게 들어 준다는 것은 '나는 당신에게 관심이 있습니다.'라는 의식의 표현이다. 미국의 저널리스트인 도로시 딕스는 경청의 중요성에 대해서 이렇게 말한다.

"사람들에게 다가서는 지름길은 그들에게 혀를 내미는 것이 아니라 귀를 내미는 것이다. 내가 상대방에게 어떤 달콤한 말을 한다 해도, 상대방 입장에서는 자기가 말하고 싶어 하는 얘기의 절반만큼도 흥미롭지 않은 법이다."

인간은 왜 듣기보다 말하기를 좋아할까? 내재된 욕망 속에 바로 과시욕이 숨겨져 있기 때문이다.

동물의 과시욕은 생존과 밀접한 관계가 있다. 사자나 치타가 다가오면 톰슨가젤은 폴짝폴짝 뛰며 자신의 건강함을 과시한다. 너는 날잡을 수 없으니 다른 사냥감을 알아보라는 과시다. 공작 수컷은 구애할 때 아름다운 날개를 활짝 펴서 자신의 아름다움을 과시한다.

인간도 과시욕만큼은 여느 동물 못지않다. 사냥을 주로 하던 원시 시대에는 자신의 능력을 과시해야만 사냥에 능한 무리에 합류할 수 있었다. 현대인이라고 해도 크게 다를 바 없다. 좋은 회사에 입사하려면 자신의 능력을 한껏 과시해야 한다. 파트너와 동업할 때도, 계약을 체결할 때도, 청혼할 때도 능력을 과시해야만 성공할 수 있다.

페이스북이나 트위터가 짧은 기간에 전 세계로 퍼져 나간 데는 인간의 잠재된 욕망인 과시욕이 큰 역할을 했다. 나의 생각이나 상태를 알리면 누군가 동조해 주는데 어찌 빠져들지 않을 수 있겠는가. 그래서 사람들은 너도 나도 글이나 사진을 올리고, '팔로우'가 늘어나고 '좋아요' 숫자가 늘어나는 것을 보며 존재의 기쁨을 만끽한다. 나를 과시하기에 더없이 좋은 놀이터인 셈이다.

우리는 인간이 이성적이라고 오판하기 쉬운데 실상은 감성적인 쪽에 가깝다. 많은 일들을 이성보다는 감성으로 처리한다. 사회생활에서 대인 관계가 중요한 이유도 인간이 다분히 감성적이기 때문이다.

힐러리 클린턴도 자서전인《살아 있는 전설》에서 "퍼스트레이디 시절, 세계 무대에서 국가 간의 중요 정책이 리더들끼리의 친분 관계에 의해서 결정되는 것을 보고 충격을 받았다."고 고백했다.

우리의 이성이 혈연이나 지연, 학연 등을 배제한 공정한 세상을 부르짖는 동안 우리의 감성은 친분에 의해서 수많은 일들을 처리한다. 아무리 미디어에서 떠들어도 가재는 게 편이고, 팔은 안으로 굽기 마련이다.

친분을 쌓는 데는 여러 가지 방법이 있지만 그중 가장 쉽고 효과적인 방법이 바로 경청이다. 인간은 나의 잘못을 지적하며 훌륭한 충고를 해 주는 사람보다는 무작정 내 이야기에 귀 기울여 주는 사람에게 마음이 움직이기 마련이다. 그렇다면 어떻게 경청해야 할까?

경청은 수동적 경청, 능동적 경청, 공감적 경청으로 나눌 수 있다. 수동적인 경청은 상대의 이야기에 무작정 귀를 기울이는 방법이다. 귀한 시간을 내줘서 내가 하고 싶은 이야기를 들어주니 고마운 일이기는 하지만 생각과 의식의 교류가 없으니 상대의 마음을 움직이는 데는 한계가 있다.

능동적 경청은 상대가 하고 싶은 이야기를 충분히 할 수 있도록 도와주는 경청법이다. 눈을 마주치며 고개를 끄덕인다든지 "아, 저런….", "그래서 어떻게 됐어요?"라고 중간 중간에 추임새를 넣어 준다든지, 귀 기울이고 있다가 상대가 말을 하다 빠뜨린 부분이 있으면 질문을 던져서 하고 싶은 이야기를 충분히 할 수 있도록 유도한다. 능동적 경청은 서로의 생각과 의식이 교류하기 때문에 대화가 끝나면 훨씬 더 가까워진 느낌이 든다.

공감적 경청은 말을 하는 상대의 지적인 상태나 생각을 공유하는 경청법이다. 공감적 경청을 하기 위해서는 상대의 전공 분야나 최근에 관심을 두는 분야를 파악해서 미리 공부해 간 뒤에 경청해야만 가능하다. 예를 들어서 물리학을 전공한 사람이 '평행우주'에 대해서 이야기한다면 기본 지식이 전혀 없는 사람은 상대의 말에 공감할 수 없다. 미리 책을 읽고 가서 경청하면 적절한 질문도 던질 수 있고, 그의 말과 생각에 공감할 수 있다. 공감적 경청을 하게 되면 마음이 움직이는 것은 물론이고 동지 의식마저 싹튼다.

상대에 관심이 있어서 그에게 효과적으로 다가가고 싶다면 단순히 경청하기보다는 공감적 경청을 해야 한다. 그러기 위해서는 공감 능력이 필수다. 공감 능력을 키우려면 다양한 경험을 해야 하고, 책을 많이 읽어야 한다. 예를 들어 여행을 갔다가 지갑을 잃어버려서 고생한 이야기를 들었다면 유사한 경험이 있는 사람은 공감적 경청을 할 수 있다. 직접적으로는 유사한 경험을 한 적이 없더라도 책이나 영화를 통해서 간접 경험을 했다면 공감적 경청이 가능하다.

상대의 마음을 훔치고 싶은가?

그렇다면 공감적 경청을 하라. 인생을 살아가면서 마음에 맞는 동지를 만난다는 것보다 더 큰 기쁨이 어디 있겠는가.

존 F. 케네디와 린든 B. 존슨 아래에서 국무장관을 지낸 딘 러스크는 "상대를 설득하는 최선의 방법은 그의 주장에 귀를 기울이는 것이다."라고 했다. 경청이 설득의 수단이 되는 까닭은 뇌가 경청하는 사람을 내 편으로 인식하기 때문이다.

반면 경청하기보다는 목소리를 높여 자기주장을 앞세우거나 등을 돌려서 나가 버리는 사람은 적으로 인식한다. 상대방에게 신뢰를 얻고 싶다면 중간에 말을 자르지 말고 경청하라. 가만히 듣고만 있어도 상대의 뇌는 당신을 아군으로 여길 것이며, 그의 지식과 생각에 공감한다면 당신을 둘도 없는 동지로 여길 것이다.

인정해야
인정받는다

상대방을 인정하는 건 관심 4단계이다.

심리학자인 에이브러햄 H. 매슬로는 인간의 욕구를 5단계로 분류했다. 하위 욕구인 생리적 욕구가 충족되면 안전 욕구, 소속과 애정의 욕구, 자기 존중 욕구, 자아실현의 욕구로 발전된다고 보았다.

타인에게 인정받고 싶은 욕구는 네 번째 단계인 '자기 존중 욕구'에 해당된다. 우리는 지위 고하를 막론하고 인정받고 싶은 욕구에 사로잡혀 있다. 사장은 임직원들에게 인정받고 싶어 하고, 선생은 학생에게 인정받고 싶어 하고, 아버지는 자식들에게 인정받고 싶어 하며 남편은 아내에게 인정받고 싶어 한다. 물론 반대의 경우도 마찬가지다.

상대방에게 관심이 있다면 그를 먼저 인정해야 한다. 상사로서, 선생으로서, 남편으로서의 그를 인정하면 비로소 부하 직원으로, 제자로, 부인으로 인정받게 된다. 대개 어긋난 관계란 서로가 서로를 인정하지 않기 때문에 발생한다.

인간은 자신은 인정받기를 간절히 바라면서도 상대에 대한 인정에는 야박하다. 상대의 장점보다는 약점을 한눈에 파악해 내는 데 익숙하다. 이는 탁월한 관찰력이나 기술이라기보다는 생존에 유리했기 때문에 길러진 본성 같은 것이다. 따라서 대다수 사람들이 상대의 장점을 발견해서 칭찬하기보다는 단점이나 흠집을 발견해서 비난을 퍼붓는 데 익숙하다.

"제대로 된 상사라면 이 정도 일쯤은 스스로 처리해야 하는 거 아냐?"

"말과 행동이 선생다워야 선생이지, 하는 짓 보면 완전 조폭이야."

"흥! 매일 밤 자정 넘어서 기어들어오는 인간이 무슨 남편이야, 동거인이지."

누군가로부터 공격을 받으면 인간은 자신을 방어하도록 프로그램화 되어 있다. 그대로 방치할 경우 사회적으로 매장당하거나 개인적으로 불이익을 당하기 때문이다. 곧바로 방어기제가 발동하게 되고, 상대에 대한 융단폭격을 퍼붓는다.

"무슨 일을 주둥이로 해? 내 말이 같잖으면 네가 상사를 하든지."

"네가 게임회사 직원이야? 학생이 공부는 안 하고 매일 게임만 하네!"

"대체 집에서 빈둥거리며 뭘 하기에 집안 꼴이 이 지경이야?"

서로가 서로를 인정하지 않으면 갈등이 생기고 싸움의 불씨가 된다. 한발 물러서서 상대를 인정하고 나면 이해심이 생겨서 상대의 말과 행동이 새롭게 보인다. 갈등이 종식되고 비로소 마음에 평화가 찾아온다.

'상사니까 잡다한 일도 시키는 거겠지!'

'학생들이 말을 안 들으니까 선생님이 열 받으셨군. 하긴 질풍노도기의 학생들을 다룬다는 게 보통 일은 아니지!'

'우리 남편 술도 약한데 접대할 일이 많은지 매일 술이네. 보약이라도 한 첩 지어 먹여야 하는 거 아닐까?'

똑같은 상황인데도 상대를 인정하느냐, 그렇지 않느냐에 따라서 생각이 확연히 달라진다. 인간은 자기가 보고 싶은 것만 보고, 듣고 싶은 것만 듣기 때문에 상대를 제대로 인정하기가 쉽지 않다.

자존감을 높이고 싶다면 상대를 낮춰 보는 습성부터 바꿔야 한다. 대접받고 싶다면 상대를 존중하고 최대한 대접해 줘라. 남편을 왕으로 받들면 아내는 왕비가 되고, 아내를 왕비로 받들면 남편은 왕이 된다. 지레짐작으로 신하가 될까 봐 군림하려 드는데 이런 남편과 아내는 겉으로는 떠받드는 척해도 속으로는 무시하고 낮춰 본다.

1963년 45세의 나이에 전 재산이었던 5,000달러를 투자해 화장품 회사를 설립한 메리케이 애시는 탁월한 리더십을 발휘해서 세계적인 화장품 회사로 성장시켰다. 그녀의 성공 비결 중 하나는 바로 상대에 대한 인정과 존중이다. 그녀는 직원들을 만날 때마다 그들의 가슴에 '나는 존중받고 싶다'라고 쓰인 목걸이를 차고 있다는 생각을 하며 그들을 대한다. 그녀는 시끌벅적한 방에서 누군가와 이야기를 할 때도 마치 그 방에 단둘이 있는 것처럼 상대방을 대한다. 그녀는 '고릴라가 들어와도 나는 신경 쓰지 않을 것'이라며 상대방만을 응시한다.

빌 클린턴 역시 뛰어난 외교술을 보여 줬는데 그는 누군가를 백악관으로 초청하면 밀실에서 그만을 바라보며 그의 이야기에 진지하게 귀를 기울인다. 상대를 설득하려면 그를 먼저 존중해야 한다는 사실을 알고 있기 때문이다.

심리학자인 윌리엄 제임스는 "인간성의 가장 끈질긴 원리는 인정을 받고 싶어 하는 욕구이다. 인간은 누구나 중요한 인물이 되려는 욕구가 있다."고 말했다.

눈을 감고 자문해보라. 당신은 중요한 인물이 되고 싶은가? 'yes'라는 대답을 한다면 다른 사람도 중요한 인물이 되고 싶어 한다는 사실을 기억하라. 상대를 존중하면 존중할수록 상대방의 마음을 훔치기 쉬워진다.

뇌는 타인에 대한 평가는 박하지만 자신에 대해서만큼은 후하게 평가하는 경향이 있다. 실제 능력보다 자신의 여러 가지 능력을 과대평가하고, 실제보다 더 착하고 좋은 사람으로 스스로를 인식한다. 따라서 상대방이 어느 정도 존중해 준다면 당연시하는 경향이 있다. 평상시 나는 그만한 존중쯤은 받을 만한 가치가 있는 사람이라고 생각하기 때문이다. 하지만 내가 예상한 것 이상의 존중을 받게 되면 그 사람을 달리 보게 되고, 그를 내 편으로 착각해서 모든 것을 함께 나누고 싶은 욕구를 느끼게 된다.

신뢰할 만한 사람임을 증명하라

신뢰는 관심 5단계다.

마음을 사로잡기 위해서는 먼저 신뢰를 얻어야 한다. 인간은 오랜 세월에 걸쳐서 나름대로의 생존술을 터득했다. 처음 보는 상대를 만나면 경계하고 낯을 가리는 편이 무작정 편하게 대하는 것보다 생존하는 데 유리하다는 사실을 깨달았다. 뇌는 처음 만나거나 신뢰할 수 없는 사람은 일단 적으로 분류한다. 상대방이 나를 해칠 사람이 아니거나 도움을 줄 사람이라는 확신이 생겨야 비로소 아군으로 받아들인다.

대인 관계에서 신뢰를 쌓는 방법은 크게 보면 두 가지다. 하나는 첫 만남에서 호감을 주는 것이고, 다른 하나는 오랜 세월에 걸쳐 일관된 말과 행동으로 상대방으로부터 서서히 인정을 얻는 것이다.

훌륭한 세일즈맨은 제품을 파는 데 초점을 맞추지 않는다. 먼저 내가 신뢰할 만한 사람임을 증명한다. 호감을 주는 미소와 부드러운 말투, 사회적으로 성공한 사람을 연상시키는 옷차림과 액세서리, 전문가적인 안목을 지니고 있음을 은연중에 드러내고, 이러한 말과 행동들이 결과적으로 '나는 신뢰할 수 있는 사람이며 당신을 도우려는 사람이다.'라는 인식을 심어준다. 상대방이 나에 대해서 호기심을 느낄 때, 비로소 제품을 팔기 위한 전략을 세운다.

프로들은 신뢰를 얻기 위해서 다음과 같은 다섯 가지 방법을 사용한다.

첫째, 온화한 미소를 짓는다 ㅣ 동물은 상대의 표정으로 적과 우리 편을 분류한다. 화난 얼굴이나 무표정은 불안감을 조성해서 경계심을 높인다. 반면 온화하고 친밀한 미소는 순간적으로 '우리 편인가?' 하는 착각을 심어 준다. 따라서 프로들은 눈이 마주칠 때 자연스럽게 미소를 짓는다. 계속해서 빤히 쳐다보면 상대방이 부담감을 느끼기 때문에 대화를 하면서 자연스럽게 눈을 마주치고, 미소를 짓는다.

둘째, 이름을 불러 준다 ㅣ 이름을 안다는 것은 같은 편임을 의미한다. 초면일지라도 이름을 불러 주면 '나를 알고 있나?' 하는 착각에 빠진다. 그럴 때 "우리 예전에 ○○에서 잠깐 만난 적이 있습니다."라든가, "○○○ 님에게 말씀 많이 들었습니다."라고 말을 건네며 경계심을 누그러뜨린다.

셋째, 칭찬한다 | 칭찬은 순간적으로 뇌 기능을 마비시킨다. 사람들은 칭찬의 중요성을 잘 알고 있지만 현실 속에서 실천하는 사람은 많지 않다. 그러다 보니 대다수가 칭찬에 목말라 있다. 뇌는 많은 일을 하고 있음에도 불구하고 아무도 자신을 알아주지 않는다고 은연중 불만을 갖고 있다. 그러다 누군가로부터 칭찬을 들으면 판단력을 잃고, 상대방에 대해서 우호적인 감정을 갖게 된다.

넷째, 경청한다 | 경청은 존중받고 있다는 느낌을 심어 준다. 특히 남성보다는 여성의 경우, 듣기보다 말하기를 좋아한다.

상대방의 이야기에 귀를 기울여 주면 뇌는 '우리 편'으로 분류하게 된다. 말을 많이 하고 나면 경계심도 누그러지고, 상대방의 아까운 시간을 빼앗은 것 같아서 뭔가를 해 줘야 할 것 같은 기분에 사로잡힌다.

다섯째, 비밀을 공유한다 | 지나치게 잘 보이려고만 하다 보면 '잘난 체하는 인간'이나 '능력은 있지만 인간성이 부족한 인간'으로 낙인찍히게 된다. 슬쩍 자신의 약점이나 비밀을 털어놓게 되면 비로소 공유할 수 있는 감정이 생기게 된다. 심리학에서는 '자기 노출'이라고 하는데, 자기 노출을 하게 되면 그에 대해서 보답을 해야 한다는 마음의 부담감이 생기게 된다.

신뢰란 마음의 다리와도 같다. 대인 관계에서는 '신뢰'라는 이름의 다리가 놓여야만 서로의 마음이 오고 간다.

뇌는 수많은 정보를 처리한다. 빠르게 일을 처리하려다 보니 편 가르기를 좋아하는데, 일단 편을 갈라놓으면 별다른 일이 없는 한 그 체제를 유지하려 한다. 대인 관계에서 첫인상이 중요한 까닭도 그 때문이고, 믿었던 사람에게 어처구니없는 사기를 당하는 이유도 그 때문이다.

뇌는 컴퓨터와 달리 지극히 감성적이고 감정적이다. 나에게 정말로 중요한 충고보다는 백해무익한 칭찬에 마음이 뿌리째 흔들린다. 그래서 벤저민 프랭클린은 "칭찬 받을 만한 자격이 없는 사람에게 안겨 주는 칭찬은 이를 데 없는 조롱이다."라며 무조건적인 칭찬을 경계했다.

칭찬을 받으면
마음이 흔들린다

　칭찬은 관심 6단계다.

　관심 없는 사람에 대한 칭찬은 독약과 같다. 그를 허영과 자만에 빠뜨려서 끝내는 인생을 망치게 한다. 그래서 선조들은 분수에 넘치는 칭찬을 받고 기뻐 날뛰는 자는 천박하고 경솔한 인간이라며 칭찬 자체를 경계했다. 그러나 칭찬은 따분한 인생을 살아가는 데 활력이 된다. 제대로 된 칭찬을 하려면 상대방에 대한 관심이 있어야 한다. 관심을 갖고 지켜봐야만 어떤 마인드를 지닌 사람인지, 장점이 무엇인지, 어떤 일을 하는 데 어떤 노력을 기울였는지, 위기와 고난이 닥쳤을 때 어떻게 대처했는지 등을 알게 된다.

　칭찬에는 말에 의한 칭찬, 행동에 의한 칭찬, 물질에 의한 칭찬이 있다. 일반적으로 가장 널리 사용하는 칭찬은 말에 의한 칭찬이다. 말에 의한 칭찬에는 세 종류가 있다.

"참 미인이세요!", "운동을 참 잘하시네요." 등과 같이 상대가 이미 알고 있는 칭찬은 기분은 좋게 하지만 큰 감흥을 주지 못한다. "정리하는 습관이 몸에 배어 있나 봐요. 박 대리님 책상을 보면 정갈해서 볼 때마다 감탄하곤 해요.", "자세가 반듯해서 놀랐어요. 사실 김 대리님처럼 앉아 있는 자세가 꼿꼿한 사람은 많지 않거든요." 등과 같이 상대가 의식하지 못했던 부분을 짚어 주는 칭찬은 마음을 흔든다. 이런 유형의 칭찬은 상대에 대한 관심이 없으면 할 수 없기 때문에 기분도 좋고, 여운도 오래간다.

"다들 안 된다고 포기한 일인데 끝내 해내셨네요. 정말 끈기와 열정이 대단하십니다.", "성공 여부를 떠나서 혼신의 힘을 다하시는 모습을 보고 감동했습니다. 무슨 일을 하셔도 잘 해낼 분이라는 믿음이 생기네요."와 같이 당사자는 알고 있지만 타인은 잘 모르는 칭찬은 상대에게 감동을 준다. 인간은 누군가 자신의 노력이나 능력을 알아주기를 간절히 원한다. 따라서 이런 유형의 칭찬은 자존감과도 관련되어 있다. 내심 누군가로부터 받기를 간절히 바라고 있었기 때문에 칭찬해 준 사람을 오랫동안 잊지 못한다.

행동에 의한 칭찬은 말과 함께 건네면 더욱 효과적이다. 부하 직원이 프로젝트를 성공적으로 끝냈다면 "자넨 능력의 끝이 어디야? 잘했

네!" 하고 말로만 하는 것보다는 안아주면서 등을 토닥여 주면 칭찬받는 기쁨이 더 커진다.

물질에 의한 칭찬은 당사자에게는 보상 심리를 충족해 주고, 주변 사람들에게는 자극을 준다. 메리케이 애시가 설립한 화장품 회사인 메리케이는 매년 댈러스 본사에서 최고의 세일즈맨을 뽑는 행사를 하는데, 실적에 따라서 핑크색 벤츠, 해외여행 상품권, 다이아몬드가 박힌 땅벌 액세서리 등을 부상으로 수여한다. 성취감을 느낄 수 있을 뿐더러 회사가 나의 노력을 알아주고 있다는 증거이기도 하기 때문에 회사에 대한 충성심이 높아질 수밖에 없다.

칭찬은 개인은 물론이고 조직에게도 기쁨과 활기를 준다. 대인 관계에 능한 사람일수록 칭찬을 적절히 활용하고, 잘 짜인 조직일수록 조직원들을 체계적인 칭찬으로 관리한다. 회사 복지, 업무 환경, 연봉 인상, 승진, 실적에 따른 인센티브 등도 칭찬의 한 종류이다. 체계적인 칭찬 제도는 직원들의 마음을 사로잡기 때문에 회사에 몸과 마음을 바쳐 충성하게 한다.

작가이자 대중 연설가인 앤드류 매튜스는 칭찬에 대해서 이렇게 말한다.

"사람들은 누구나 다른 사람들의 인정을 받고 싶어 한다. 남들의 좋은 점만을 보고 기회가 있을 때마다 칭찬해 주기를 결심한다면, 상대방은 기분이 무척 좋아질 것이고, 우리는 그 덕을 보게 될 것이다."

칭찬은 일종의 선물 같은 것이다. 선물을 받으면 뭔가를 되돌려 줘야 한다는 부담감이 생기듯이 칭찬을 받으면 마음의 빚이 생긴다. 에이브러햄 링컨은 "한 통의 쓸개즙보다는 한 방울의 꿀이 더 많은 파리를 잡는다."고 했다. 세상에서 가장 멋진 충고보다도 아무 생각 없이 던진 칭찬 한 마디를 더 오래도록 기억하는 게 인간의 본성이다.

대인 관계의 달인이 되고 싶다면 칭찬을 적절히 활용할 줄 알아야한다. 상대가 이미 알고 있는, 입에 발린 빤한 칭찬만 해서는 마음을 사로잡을 수 없다. 눈을 밖으로 돌려서 상대에 대해 관심을 기울여라. 깊이 알면 알수록 마음을 사로잡는 칭찬을 할 수 있다.

사마천은《사기》에서 '사나이는 자기를 알아주는 사람을 위해 죽고, 여인은 자기를 기쁘게 하는 이를 위해 얼굴을 가꾼다.'고 했다. 칭찬을 받으면 뇌에서 도파민이라는 신경전달물질이 분비되고 쾌락을 관장하는 부위가 활성화된다. 사냥에 성공했을 때 느끼는 기쁨과 유사한 기쁨을 느끼게 된다. 뇌는 쾌락을 추구하기 때문에 칭찬을 잘 활용한다면 상대의 뇌를 어렵지 않게 길들일 수 있다.

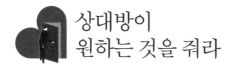

상대방이 원하는 것을 줘라

관심 7단계는 상대방이 원하는 것을 제공하는 것이다.

대인 관계의 목적 속에는 '이익'이 감춰져 있다. 생존하는 데는 혼자보다는 집단을 이룰수록 여러모로 유리하다. 새들이 무리지어 이동하고, 암사자가 함께 사냥하고, 세렝게티 초원에 건기가 오면 초식동물의 대규모 이동이 벌어지는 이유도 혼자 이동할 때보다 무리와 함께하는 것이 생존에 유리하기 때문이다. 인간의 삶 역시 마찬가지다. 동굴이나 산 속에서 혼자 살아가기보다는 도시에서 살아가는 편이 생존에 유리하다. 질병에 걸렸을 때는 물론이고, 물물교환을 한다고 하더라도 사람이 많을수록 좋은 가격을 받을 수 있다.

인간은 원시시대부터 전쟁을 통해서 필요한 것을 약탈해 왔다. 뇌의 유전자 속에는 수많은 전쟁과 고난의 기록이 담겨져 있는데, 그 결과 어떤 상황 속에서도 나 자신을 먼저 챙기도록 본성적으로 길들여져 있다. 뇌에게 있어서 가장 중요한 것은 다름 아닌 바로 '나' 자신이다. 언니 결혼식에서 찍은 단체 사진을 볼 때도 주인공인 언니나 형부보다도 내 얼굴이 잘 나왔나부터 찾아보는 게 뇌의 본성이다. 친구로부터 사업이 망했다는 소식을 들으면 친구에 대한 걱정은 그 다음이고, 제일 먼저 내가 투자한 돈을 돌려받지 못하게 될까 봐 걱정한다.

뉴스에서 다른 사람을 구하고 생명을 대신 잃은 의인들의 소식을 들으면 가슴이 뭉클해지고 감동하는 이유도, 그러한 행동이 인간의 본성을 거스르는 대단한 일임을 잘 알고 있기 때문이다. 나라면 도저히 할 수 없는 일을 대신했기 때문에 우러러 보인다. 따라서 상대의 마음을 사로잡으려면 내가 원하는 것을 요구하기보다는 상대방이 원하는 것을 먼저 제공할 필요가 있다. 뇌는 이기적이기는 하지만 그렇다고 해서 혼자서 모든 것을 독차지하지는 않는다. 오랜 세월 집단을 이뤄서 단체 생활을 하는 동안 뇌는 '호환성의 법칙'에 길들여졌다. 도움을 받았으면 도움을 줘야만 마음이 편하다. 누군가에게서 원하는 것을 얻게 되면 마음의 부담 때문에 그 일과 그 사람을 잊을 수 없다. 결국 기회가 오면 그 사람이 원하는 것을 주게 되어 있다.

그렇다면 서로가 원하는 것이 충돌할 때는 어떻게 할 것인가?

얼핏 보면 인간의 삶이 유사하고, 행동이 유사하기 때문에 원하는 것도 같다고 지레짐작하기 쉽다. 그러나 깊이 파고들어 가 보면 저마다 조금씩 다르다. 인간의 뇌는 유사하지만 각기 다른 생각의 틀을 갖고 있다. 만약 상대가 돈을 원하는데 돈이 없다고 해서 실망할 필요는 없다. 상대방이 필요로 하는 것은 돈이지만 깊이 파고들어 가 보면 돈이 필요한 또 다른 이유가 있다. 옷이나 가전제품을 사기 위해서일 수도 있고, 먹고 싶은 음식을 사 먹기 위해서일 수도 있고, 무언가를 배우기 위한 수업료일 수도 있다. 직접 돈을 주기가 곤란한 상황이라면 그 사람이 원하는 옷이나 가전제품을 얻어 줄 수도 있고, 음식을 제공할 수도 있고, 필요한 스승을 연결해 줄 수도 있지 않겠는가.

과거에는 상대방에 대한 정보가 없다 보니 접대 위주의 문화였다. '호환성의 법칙'을 근거로 해서, 마음의 부담을 줘서라도 마음을 사로잡기 위함이다. 접대는 상대방이 기뻐하면 좋은 결실을 맺지만 상대의 마음에 들지 않을 경우 돈만 쓰고 오히려 역효과를 낳기도 한다. 접대 문화 자체가 사라진 건 아니지만 요즘은 지식정보화 사회다 보니, SNS나 제3자를 통해서 정확한 사전 정보를 입수한 뒤에 상대방이 좋아하는 맞춤형 접대를 한다.

협상을 할 때도 상대방에 대한 정보는 필수다. 인간은 성향이 각기 다르기 때문에 정보만 정확하다면 상대방이 원하는 것을 제공하고, 내가 원하는 것을 얻을 수 있다. 서로가 원하는 조건이 현저히 다를 때는 최소한의 조건을 충족시키는 방법을 먼저 찾은 뒤, 상대방이 원하는 것을 제공하면 된다.

청혼을 할 때도 상대방이 원하는 것을 충족해 주어야만 마음을 사로잡을 수 있다. 그러기 위해서는 취향을 먼저 파악해야 한다. 낭만적이고 이상적인 결혼 생활을 원하는지, 현실적이면서도 실속 있는 결혼 생활을 원하는지를 정확히 알고 나면 청혼하기가 한결 쉽다. 청혼을 할 때 건넬 보석도 전자라면 다이아몬드 반지가 제격이지만 후자라면 환급 가능성을 염두에 두고 보석을 고를 필요가 있다. 만약 여러 차례 청혼에 실패했다면 다음 두 가지를 돌아봐야 한다.

첫 번째는 지나치게 낭만적인 성격은 아닌지, 지나치게 현실적인 성격은 아닌지 점검해 볼 필요가 있다. 지나치게 낭만적이라는 것은 '지나치게 비현실적'이라는 뜻이 되고, '지나치게 현실적'이라는 것은 '지나치게 비낭만적'이라는 뜻이 된다. 대다수 인간은 적당히 낭만적이면서도 적당히 현실적인 배우자를 원하기 때문에 한쪽만 부각시키다 보면 상대방의 입장에서는 결핍으로 받아들일 수 있다.

두 번째는 나의 주관이 너무 확고해서 상대방의 가치관을 무시하거나 훼손하지 않았는지 돌아봐야 한다. 예를 들어 엄격한 종교관이나 편향적인 정치관이나 일그러진 세계관을 지니고 있을 경우, 비슷한 성향을 지니고 있지 않는 한 받아들이기 쉽지 않다. 결혼하면 인생을 함께 살아가야 하는데, 나의 가치관이 훼손되거나 이상이 좌절된다면 상대방의 마음을 선뜻 받아들일 수 있는 사람이 과연 몇이나 되겠는가.

독신주의자가 아니라면 누구나 이상적인 결혼 생활을 가슴에 품고 있다. 청혼에 성공하기 위해서는 100%는 아니더라도 상대방이 원하는 결혼 생활에 대해서 어느 정도까지는 확신을 줄 수 있어야 한다.

직장에서도 원만한 대인 관계를 하고 싶다면 상사나 부하 직원이 원하는 것을 먼저 제공할 필요가 있다. 대체적으로 부하 직원은 상사가 비전을 제시해 주기를 원하고, 상사로서의 업무 처리 능력을 원한다. 반면 상사는 부하 직원과 소통하기를 원하고, 성실하게 주어진 업무를 처리해 주기를 원한다. 하지만 보다 원활한 관계를 원한다면 부하 직원은 상사의 타입을 먼저 파악하고, 상사는 부하 직원의 개성과 능력을 먼저 파악해야 한다. 그래야만 상대방에게 원하는 것을 제공해서, 마음을 사로잡을 수 있기 때문이다.

톨스토이는 관계에 대해서 이렇게 말했다.

"남과 사이가 좋지 못하거나, 그 사람이 당신과 함께 있기를 싫어하거나, 당신이 옳은데도 동조하지 않는다면 그 사람을 책망할 것이 아니라 정작 책망 받아야 할 사람은 바로 당신입니다. 왜냐하면 당신이 그 사람에게 마음과 정성을 다하지 않았기 때문입니다."

인간은 존중해 주는 사람을 존중한다. 상대방의 마음을 사로잡고 싶다면 나에게 관심을 가져 달라고 요구하기 전에, 먼저 그 사람에게 마음과 정성을 다해야만 한다.

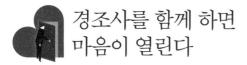

경조사를 함께 하면
마음이 열린다

관심 8단계는 상대방의 경조사를 챙기는 일이다.

대인 관계의 달인뿐만 아니라 직장인들도 경조사만큼은 반드시 챙긴다. 어렵게 맺은 관계를 발전시킬 수 있는 좋은 기회이기 때문이다. 경조사는 집안 행사다. 가족이나 친인척이 아닌 타인이 참석한다는 것은 '특별한 관계'요, '넓은 의미의 가족'임을 의미한다. 문제는 평상시 전혀 연락이 없던 사람이 청첩장이나 부고장을 보내오는 경우다. 이런 경우 참석하기도 애매하고, 그렇다고 참석하지 않기도 애매하다. 돈이 여유가 있다면 모두 챙기면 좋겠지만 한 달에 들어가는 경조사비도 만만치 않기에 전부 챙길 수는 없다. 이럴 때를 대비해서라도 '나에게 있어서 대인 관계는 얼마나 중요한가?'에 대해서 먼저 생각해

둘 필요가 있다. 인맥 관리가 중요한 세일즈맨 같은 경우라면 모든 경조사에 참석하는 게 좋지만 사람을 만날 일이 별로 없는 프리랜서 같은 경우라면 친한 사람만 챙기면 된다.

대인 관계를 지나치게 계산적으로 하면 역효과가 나타나지만 그렇다고 무작정 문어발식으로 인맥을 확장하다 보면 실속 없이 시간과 돈만 허비하는 결과를 낳기도 한다. 개개인의 직업과 성격, 환경에 맞는 맞춤식 인맥 관리를 할 필요가 있다.

경조사가 겹칠 때에는 경사보다는 조문을 가는 게 바람직하다. 결혼식에는 부조금을 대신 보내고 장례식에 참석하는 편이 좋다. 결혼식은 짧은 시간 동안에 워낙 많은 사람들이 몰려서 말을 섞을 시간조차 없지만 장례식에 가면 마주 보고 대화를 나눌 수 있다. 또한 결혼식은 감정이 들떠 있는 상태이기 때문에 상대방이 눈과 귀에 잘 들어오지 않지만 장례식은 감정이 가라앉은 상태이기 때문에 상대방의 모습이 눈에 쏙 들어온다.

사실 사회생활을 하면 웬만한 경조사는 의무적으로 참석하게 된다. 남들도 다 참석하는 경조사를 통해서 상대방의 마음을 사로잡는 데는 한계가 있다. 상대의 마음을 훔치고 싶다면 보다 적극적으로 경조사를 활용해야 한다. 진짜 가족만의 경조사를 챙겨주는 것이다.

"이거 들고 가세요."

"웬 케이크야?"

"오늘 사모님 생신이잖아요."

가족들만 알고 있는 가족의 경조사를 챙겨주면 왠지 비밀을 공유하고 있는 듯한 특별한 느낌이 든다. 대인 관계의 달인들은 특별히 관리하는 VIP의 가족들 생일이나 자녀의 입학식과 졸업식은 물론이고, 집안 제사까지도 기록해 두었다가 일일이 챙긴다.

직장 생활을 잘하고 싶다면 직계 상사나 부하 직원의 집안 경조사를 챙겨 주는 게 좋다. 사람들은 줄거리가 빤한 영화보다는 반전이 있는 영화에 매료되듯이, 빤한 상황보다는 의외의 상황에서 마음이 흔들린다.

"내일모레가 아버님 제사지? 지인에게 부탁해서 제사상에 올릴 음식 좀 장만했네. 비록 고인이 되셨지만 지극정성으로 모시게나."

상사가 부하 직원의 가족 행사까지 기록해 두었다가 챙겨 주면 감동하게 마련이다. '이분에게 이런 면이 있구나!' 싶어서 새롭게 보이기도 하고, 다른 사람들 앞에서 이런 상사 밑에서 일하고 있다며 자랑할 수도 있고, 특별히 사랑받고 있다는 마음이 들기 때문에 지극정성으로 모시게 된다. 반대로 부하 직원이 상사를 챙겨 주면 비록 내색하지는 않더라도 내심 흐뭇해한다. 이미 마음 깊숙이 스며들었기 때문에 무슨 일을 해도 예뻐 보이기 마련이고, 어지간한 잘못쯤은 눈감아준다.

내 주변에도 집안 경조사에 적절히 참석해서 성공한 케이스가 있다. 후배는 여자 집안에서 반대했는데 집안 제사에 참석했다가 결혼 허락을 받았고, 지인은 여름휴가에 따라갔다가 그 집 맏사위가 되었다. 과정이야 어떻든 간에 일단 가족만의 경조사에 참석하게 되면 특별한 사람으로 기억되게 마련이다.

말은 쉽지만 경조사를 일일이 챙긴다는 게 사실 번거로운 일이다. 그럼에도 불구하고 경조사가 사람과 사람 사이의 마음을 이어주는 까닭은 그 과정이 구체적인 행동을 요구하기 때문이다. 마음은 막연한 말보다는 구체적인 행동에 쉽게 열린다. 월드비전의 대표이자 목사였던 W. 스탠리 무니햄은 "말로 하는 사랑은 외면할 수 있으나 행동으로 보여 주는 사랑은 저항할 수 없다."고 했다.

마음을 사로잡는 일은 쉽지 않다. 때론 만사가 귀찮겠지만 관심을 갖고 경조사를 챙겨라. 태산처럼 꼼짝 않던 마음도 어느 한순간에 움직이게 마련이다.

공자는 "사람은 서로의 입장과 처지를 바꿔 생각할 줄 알아야 한다."고 말했다. 역지사지의 정신은 대인 관계에 있어서 반드시 필요하다. 그래야만 상대의 처지를 공감하고 이해할 수 있기 때문이다. 그러나 인간의 뇌는 공감할 줄 아는 뛰어난 능력을 갖추고 있으면서도 나의 처지를 우선적으로 생각한다. 공감하는 능력이 부족하다면 뇌가 시키는 대로 할 게 아니라 의식적으로 상대방과 입장을 바꿔 보는 습관을 길러야 한다.

공감할 때 비로소
하나가 된다

관심 9단계는 공감이다.

아프리카 반투족의 언어 중에 '우분트UBUNTU'라는 말이 있다. 풀이하자면 "당신이 있기에 내가 있다I am because you are."는 뜻이다. 넬슨 만델라 대통령이 아프리카 정신을 강조하기 위해서 자주 인용하면서 유명해졌는데, 나 자신을 위한 일보다는 공동체에 도움이 되는 일을 찾아서 하라는 교훈이 깃들어 있다.

'우분트'는 공감 능력이 없다면 공허한 메아리에 불과하다. 상대의 아픔을 나의 것으로 받아들이고, 기쁨과 슬픔을 함께 나눌 줄 아는 공감 능력은 공동체 생활에서 반드시 필요한 미덕 중 하나다.

어류, 양서류, 파충류, 조류는 알을 통해서 번식한다. 포유류 중에서도 캥거루처럼 주머니에 넣어 기르는 유대류나 알을 낳는 난생류를 제외한 유태반 포유류는 공감 능력이 뛰어나다. 뱃속에 있을 때 탯줄을 통해서 어미에게 영양분을 공급받으며 자라기 때문에 생각과 감정 등을 어미와 함께 공유하며 성장한다. 그러다 일정한 기간이 지나 자궁 밖으로 나오게 되면 탯줄을 자르고 비로소 홀로서기를 하게 된다.

다른 포유동물도 그렇지만 특히 인간의 유전자 속에는 오랜 생존 과정을 통해서 습득한 탁월한 공감 능력이 깃들어 있다. 영화 속 극 중 인물이 위기에 빠지면 내 가슴이 조마조마해지고, 위기를 벗어나면 안도의 한숨을 내쉬게 되는 것도 공동체 생활을 통해서 길러진 공감 능력 때문이다. 소설을 읽으며 배꼽을 잡고 웃거나 마치 주인공이 된 듯 깊은 슬픔에 젖어 눈물을 흘리는 이유도, 우리의 유전자가 그 상황을 어렵지 않게 유추해 낼 수 있기 때문이다. 또한 자신을 희생해서 다른 사람을 살리는 장면을 보게 되면 가슴이 뭉클해지고 감동을 느끼게 되는데, 이 또한 생존 과정에서 형성된 공감 능력 가운데 하나다.

인간과 다른 동물과의 확연한 차이는 바로 전두엽에 있다. 인간은 미래를 설계하고 예측하는 기관인 전두엽이 유독 발달해 있다. 하지만 그 예측이 정확하지 않기에 별것 아닌 일에도 온갖 걱정에 사로잡혀 불안해하며 초조해한다. 이럴 때 누군가 옆에서 같이 공감해 준다면 마음의 평정을 되찾게 되고, 마음을 여는 것은 물론이고 형제 이상의 감정을 느끼게 된다.

'말 한 마디로 천 냥 빚을 갚는다.'는 속담이 있다. 말을 잘 하면 어려운 상황도 충분히 타개할 수 있다는 뜻이다. 말을 잘 하기 위해서는 공감 능력이 탁월해야 한다. 어린 자식을 잃어서 슬픔에 빠져 있는 부모에게 "인간은 언젠가는 죽습니다. 그날이 조금 일찍 찾아왔다고 생각하십시오."라고 말한다면 비록 그 사람 말이 옳다 하더라도 말을 잘하는 사람이라고 할 수는 없다. 먼저 부모가 처한 슬픔을 충분히 공감한 뒤에 말을 건네야만 마음의 위안을 줄 수 있다. 인간에게 공감 능력이 반드시 필요한 이유는 저마다 홀로 세상을 살아가야 하는 외롭고 고독한 존재이기 때문이다. 타인의 눈에는 강해 보이는 인간일지라도 실상 내면을 들여다보면 무척 나약한 존재다.

영적인 스승이라 불리는 오쇼 라즈니쉬는 "누군가와 서로 공감할 때, 사람과 사람 사이의 관계는 더욱더 깊어져 간다."고 했다. 관계를 더욱 돈독히 하고 싶다면 내 생각만 말할 것이 아니라 상대방의 말에 귀를 기울이고, 그의 처지와 상황 등에 공감할 필요가 있다. 공감을 통해서 하나가 되는 순간, 둘 사이를 가로막고 있는 관계의 장벽은 허물어진다.

인간은 신처럼 완벽해지고 싶지만 결코 신이 될 수 없는 불완전한 존재다. 불완전한 존재의 허전함과 불안함을 채워 줄 수 있는 것이 바로 공감이다. 모든 능력을 다 갖추고 있는 듯 보이는 상사일지라도 마음 한곳이 허전하게 마련이고, 항상 인생을 웃으면서 즐겁게 살아가는 사람도 가슴 한구석에는 남모를 아픔이 있게 마련이다.

살아가다 보면 누구나 괴롭고 힘든 상황에 직면하게 된다. 상대가 누가 되었든 간에 속마음을 털어놓으려 하면 잡생각을 중단하고 경청할 필요가 있다. 고백을 한다는 것은 나에게 관심을 가져 달라는 뜻이다. 내 고민이나 하던 생각은 잠시 미뤄 놓고 상대방의 입장이 되어서 진지하게 경청한 뒤, 말 한 마디라도 따뜻하게 건넨다면 일반적인 관계를 뛰어넘은 지극히 인간적인 관계가 형성된다.

공감은 관심의 절정이자, 마음을 사로잡는 최고의 비결이다.

뇌는 무료함과 단조로움을 싫어한다. 아무런 자극이 없는 방에 가둬 놓으면 뇌는 환각이나 환청을 불러일으킨다. 반면 뇌는 호기심에 약하다. 아이들이 새로운 장난감에 빠지면 옆에 누가 있는지도 모른 채 빠져드는 것도 그 때문이다. 미국의 배우인 존 베리모어는 "행복은 때때로 열어놓은 줄 몰랐던 문으로 몰래 들어온다."고 했다. 인간은 거대하고 화려한 인생을 꿈꾸지만 그들의 일상은 사소하고 자잘한 일들로 이루어져 있다. 마음을 사로잡고 싶다면 상대방이 열어놓은 앞문보다는 뒷문으로 몰래 들어갈 필요가 있다.

CHAPTER 3

마음을 훔치는
9가지 키워드

말도 아름다운 꽃처럼 그 색깔을 지니고 있다.

-E.리스

과장에는 과장으로 대처하라.
재치 있는 말은 상황과 경우에 따라 사용되어야 하며,
이것이 바로 지혜의 힘이다.

-발타자르 그라시안

공통점
보물찾기놀이

낯선 사람과 단둘이 만나면 마땅히 할 말이 없다. 외향적인 사람도 무슨 말을 해야 좋을지 몰라 주저하게 마련인데 내향적인 사람이라면 가시방석에 앉은 모양새다. 그렇다고 공원에서 마주친 사람들처럼 날씨 이야기만 하염없이 하고 있을 수도 없다. 이럴 때는 본격적인 대화에 앞서 몸 풀기를 하듯 서로의 공통점을 찾아나가는 게 훌륭한 대화술이다.

인간은 서로 닮은 사람들에게 끌린다는 연구 결과는 이미 수없이 나왔다. 자신과 닮은 노숙자에게 동정을 느껴 도움을 주게 되고, 자신과 같은 복장과 헤어스타일을 하고 있는 강사의 강의에 집중하며, 결혼 상대자로 자신과 닮은 사람에게 호감을 느낀다는 내용들은 이미 행동심리학자들의 연구에 의해서 밝혀졌다. 나와 닮은 사람에게 끌리는 이유는 공통점이 많을수록 상대방의 돌발적인 행동과 말에 대해서 걱정하지 않아도 되기 때문이다. 자신과 여러모로 반대되는 사람과 결혼할 경우 나의 부족한 점을 보완할 수 있다는 장점이 있다. 그러나 실제 생활에서 사사건건 부딪칠 가능성이 높다는 점을 염두에 두어야 한다. 그래서 뇌는 본능적으로 자신과 닮은 사람을 선호한다. 특히 자신의 외모, 성격, 취향, 성장 환경, 지식 등에 만족할수록 자신과 닮은 사람을 선호하는데, 변화나 도전보다는 현재 상태에 안주하려는 성향이 강하기 때문이다.

처음 만난 자리에서 할 말이 없다면 취미, 별자리, 혈액형, 좋아하는 음악 장르, 좋아하는 운동, 최근에 본 영화, 가고 싶은 여행지, 출신 학교, 성장 지역 등… 서로의 공통점을 찾을 수 있는 것들에 대해서 자연스럽게 질문을 던지면 된다. 불쑥 '취미가 뭐예요?'라고 물어보는 게 격조가 없거나 뜬금없다는 생각이 든다면 요즘 시사상식이나 트렌드와 섞어서 물어보면 자연스러워진다.

"요즘은 아웃도어 활동을 많이 하더라고요. 주말이면 자전거 트래킹이다 등산이다 해서 많이들 다니시던데 좋아하시는 활동은 없나요?"

"요리 좋아하세요? 요즘은 텔레비전에서 실용적인 요리 프로그램을 많이 하더라고요. 저는 괜찮다 싶으면 레시피를 메모해 두었다가 생각날 때 재료를 사다가 해 보기도 하거든요. 물론, '정말 내가 만든

요리인가' 하고 의심할 때도 종종 있지만….”

이렇게 대화를 시작하면 공통점도 찾을 수 있고, 상대방의 일상도 알아볼 수 있고, 대화도 자연스럽게 이어나갈 수 있어서 일석삼조다. 공통점을 찾는 행위는 마치 학창시절에 소풍 가면 하던 보물찾기와 비슷하다. 보물찾기를 잘하기 위해서는 나름대로 추리가 필요하고, 밑만 볼 것이 아니라 시야를 확대해서 나무 위나 돌 뒤도 살펴야 한다. 공통점을 찾기 위해서 내화할 때도 마찬가지다. 상대방에 대해서 호기심을 갖고 추리하면서, 시야를 확대하면 의외로 많은 공통점을 발견할 수 있다.

“언제 태어나셨어요?”

“저는 12월 생이에요.”

“아, 겨울에 태어나셨군요. 저도 겨울에 태어났어요. 2월생이거든요!”

12월과 2월은 월별로 따지면 다르지만 겨울이라는 계절로 묶으면 공통점이 된다.

“좋아하는 영화가 뭐예요?”

“〈원데이〉요!”

“아, 앤 해서웨이가 여주인공으로 나온 영화죠? 전 〈악마는 프라다를 입는다〉를 보고 그녀의 사랑스런 눈동자에 빠지고 말았죠. 우린 영화 고르는 취향이 비슷하네요.”

하버드대학교 긍정심리학자인 윌리엄 제임스는 “행복해서 웃는 게 아니라, 웃다 보니 행복해진다."고 말했다. 이 세상에 진짜로 쏙 빼닮은 사람이 얼마나 되겠는가. 서로 닮았다고 말하고, 뇌가 그렇게 인식하다 보면 점점 더 닮아가게 마련이다. 두 사람 사이에 특별한 문제가 발생하지 않는 한 뇌는 우리가 서로 닮았다는 사실을 의심하지 않는다.

공통점이 늘어나면 본격적인 이야기를 하기가 한결 수월해진다. 그것이 협상이든, 함께 작업을 하기 위해 처음 만난 자리든, 소개팅이든지 간에 공통점이 많다는 것은 부딪칠 점이 많지 않기 때문에 순조로운 앞날을 예고한다.

특히 내향적인 사람과 외향적인 사람이 만났을 경우, 공통점 찾기는 답답한 관계에 숨통을 열어 준다. 외향적인 사람은 혼자 떠들기 미안하다면 대답을 끌어낼 수 있는 질문을 던지면 되고, 내향적인 사람은 듣고만 있기 미안하면 궁금한 점을 물어보면 된다. 그러다가 대화 시간이 길어지고 공통점이 늘어나면서 마음이 점점 열리게 된다.

스코틀랜드 세인트 앤드류 대학의 얼굴 인지 실험실은 30명의 학생을 대상으로 여러 장의 사진 중에서 어떤 얼굴에 더 끌리는지 알아보는 실험을 했다. 성#을 변형시키고, 다양한 연령대의 사진을 만들어서 여러 장의 사진과 섞어 놓은 결과, 그들은 자신의 사진을 변형시킨 비슷한 나이의 이성은 물론이고 연령대가 다른 사람에게까지 호감을 보였다. 닮은 사람에게 끌리는 현상을 심리학에서는 '사회적 호모거미'라고 한다. 이는 뇌가 자신을 과대평가하기 때문이기도 하고, 처리할 업무가 많다 보니 새로운 도전 자체를 기피하려는 성향 때문이기도 하다.

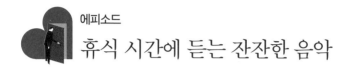

에피소드
휴식 시간에 듣는 잔잔한 음악

첫 만남이 아닌데도 여전히 거리가 느껴지거나 모임에서 마땅히 할 이야기가 없다면 에피소드를 들려주면서 상대방에게 다가갈 수 있다. 내가 경험한 것도 좋고, 지인에게 들었는데 재미있는 에피소드라면 그것도 무난하다.

유명 강사들은 별도로 '에피소드 주머니'를 차고 있다. 강의를 하다가 효과적으로 상황을 설명하고 싶으면 그에 적합한 에피소드를 꺼낸다. 그럼 반쯤 졸고 있던 청중들이 고개를 들고, 에피소드에 공감하게 되면 자세를 바로 하고 나머지 강의를 듣는다.

'에피소드Episode'란 이야기나 사건 등의 줄거리 사이에 끼워 넣는 짧은 이야기를 말한다. 우리가 일상에서 사용하는 에피소드는 누구나 공감할 수 있는 일종의 해프닝에 가깝다. 한 사람의 인생에 대한 진지한 이야기라면 듣기가 부담스럽지만 해프닝 정도라면 얼마든지 들어줄 마음의 여유가 있다.

1989년 해외여행 완전자유화가 실시되면서 너도 나도 해외여행을 떠나곤 했다. 여행을 갔다 온 사람이 여행지에서 있었던 이야기를 실컷 떠벌리게 되면 위화감이 들 수도 있고, 있는 체하는 식으로 비쳐질 수도 있다. 그러자 많은 사람들이 여행하는 동안 보고 느낀 이야기보다는 여행지에서의 간단한 에피소드를 들려주었다. 생전 처음 타 본 비행기에서의 실수담, 영어를 못해서 겪은 실수담, 화장실을 못 찾아서 방황한 이야기, 문화의 차이로 인한 오해 등은 듣는 사람의 마음도 가볍게 했다.

에피소드는 긴 이야기 속의 짧은 이야기에 불과하지만 그 속에 전체 이야기를 함축한 듯한 '상징'이 감춰져 있는 경우도 더러 있다. 이런 유형의 에피소드는 부담 없이 듣다가 내심 정신이 번쩍 들게 한다. 유머도 그렇지만 에피소드도 일종의 음악처럼 그 자리에 맞는 에피소드가 있게 마련이다. 상황에 맞게끔 잘만 활용하면 상대방의 마음을 쉽게 열 수 있다.

세상에는 지나치게 이상적인 이성에게 집착하는 사람들이 있다. 생김새와 키는 마음에 쏙 드는데 어깨가 좁은 게 마음에 걸린다며 고개를 갸웃거리는 사람도 본 적이 있고, 활달한 성격이나 생김새는 이상

형인데 키가 작은 게 마음에 안 든다는 사람도 본 적이 있다. 나는 그런 사람들에게는 결혼한 지 7년 된 대학 후배의 에피소드를 들려준다.

"후배가 인사동 미술 전람회에 갔다가 이상적인 여인을 만났죠. 긴 생머리에 눈이 동그랗고, 피부가 하얀 동양적인 여자가 걸어오는 순간, 심장이 멎을 뻔했대요. 그런데 그녀도 후배가 이상적인 남자였나 봐요. 그들은 껌 딱지처럼 붙어 다니더니 만난 지 불과 한 달 만에 결혼했죠. 결혼식이 끝나고 피로연에서 누가 먼저라고 할 것도 없이 고백하더군요. 환상적인 만남이라고…. 그런데 7년이 지난 지금은 어떻게 지낼 것 같아요? 환상적인 만남을 저주하며 보내고 있죠. 하필이면 그날 그 시간에 왜 인사동에 갔으며, 미술 전람회장에 들렀을까 하면서…."

우리 주변에는 사랑에 대해서 지나친 환상을 품고 있는 사람도 있다. 나는 그런 사람에게는 슬쩍 이런 에피소드를 들려준다.

"제가 한창 때 목숨처럼 사랑했던 여인이 있었죠. 그런데 뜻하지 않았던 일로 헤어지고 나자 불면증이 찾아오더라고요. 방에 가만히 앉아 있어도 그녀의 목소리가 환청처럼 들려오고, 거리를 거닐다 보면 곳곳에서 그녀의 모습이 보였죠. 머릿속에 가득 찬 그녀 생각 때문에 미칠 것만 같아서, 생각다 못해 담배를 끊었어요. 그런데 신기하게도 그날 이후로 그녀 생각이 일체 나지 않는 거예요. 자나 깨나 오로지 담배 생각만 나더라고요! 참, 오묘하죠? 사랑이란 게…."

재미있는 에피소드는 부담 없으면서도 많은 것을 생각하게 한다. 그러는 사이에 경계심이 풀리고 마음의 빗장이 스르르 열린다.

에피소드는 어떤 것도 무난하나 남자의 경우 군대에서의 에피소드나 술에 관한 에피소드만큼은 가급적 피하는 것이 좋다. 남자들이 주로 하는 에피소드인 데다 문화가 다르기 때문에 여자의 입장에서는 지루해하기 십상이고, 자칫하면 이미지만 더 나빠질 수 있다. 또, 식사할 때는 가급적 화장실에 관한 에피소드는 삼가는 게 좋다.

여자들은 어린아이나 애완동물과 관련된 에피소드를 좋아한다. 조금만 관심을 갖고 주변을 관찰해 보면 흥미로운 에피소드를 적잖이 발견할 수 있다.

대화술의 달인이 되려면 에피소드를 발견하고 개발해야 한다. 책을 읽다가도 흥미로운 에피소드가 있으면 따로 메모하고, 영화를 보다가 흥미로운 에피소드를 발견하면 즉석에서 메모하고, 누군가에게 재미있는 에피소드를 들으면 잊어버리기 전에 메모해 두는 게 좋다. 수집한 에피소드를 그대로 사용해도 되지만 상황에 맞게 조금만 비틀면 훨씬 더 흥미로운 에피소드가 된다.

에피소드도 무형의 재산이다. 다양한 에피소드가 많으면 많을수록 대화술의 달인이 되고, 상대방의 마음을 사로잡을 확률이 높아진다.

사과가 떨어지는 것을 보고 만유인력의 법칙을 발견했다는 뉴턴의 일화는 대다수의 사람들이 알고 있다. 만약에 뉴턴의 일화 없이 과학시간에 만유인력의 법칙에 대해서 배웠다면 수많은 사람들이 기억하고 있을까? 아마도 잊어버린 사람이 대다수이리라.

뇌는 집중하기보다는 가급적 편안한 상태를 유지하려 한다. 뇌는 스스로가 집중해서 일을 하고 있다고 생각하기 때문에 의도적으로 노력하지 않는 한 편안한 환경과 상태를 선호한다. 뇌가 에피소드를 좋아하는 까닭은 전혀 긴장하지 않아도 되기 때문이다. 정신을 집중해서 귀담아 들을 필요도 없고, 그에 대한 대답을 하지 않아도 되기 때문에 뇌는 진지한 이야기보다는 에피소드를 선호한다.

신명나는 마당극

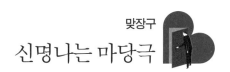

　과거에는 코미디나 드라마가 대세였다면 요즘 텔레비전에서는 예능이 대세다. 예능이 대세가 된 데는 여러 가지 이유가 있지만 그중 '리액션'의 공로를 빼놓을 수 없다. 과거에는 한 명이나 두 명의 MC가 프로그램을 진행했다. 그러나 요즘에는 여러 명의 공동 MC가 프로그램을 진행한다. 여러 가지 이유가 있지만 가장 중요한 이유 중 하나는 캐릭터별로 리액션을 해야 더 재미있기 때문이다.

　종편의 등장으로 프로그램 채널이 다양해 지면서 하루에도 여러 편의 예능 프로그램이 쏟아진다. 아무리 인기 있고 입심 좋은 게스트가 나와서 이야기한들, 이미 다 알고 있는 이야기인데 뭐가 그리도 재미있고 찰지겠는가. 프로그램의 재미는 마치 확성기를 거친 것처럼 MC들의 리액션을 통해서 증폭되어 시청자에게 전달된다.

원래 리액션은 배우의 연기에 대한 상대 연기자의 즉흥적인 반응을 의미한다. 예능 프로그램에 사용되는 리액션도 의미는 비슷하지만 다소 과장되어 있다는 점에서 차이가 있다. 예능에 등장하는 '리액션'의 원조는 무성영화 시절의 배우들이었다. 소리 없는 영화다 보니 배우들은 과장되게 연기했고, 관객들은 배우들의 과장된 연기에 웃음을 터뜨렸다.

유성영화 시대가 열리면서부터는 영화나 시트콤, 코미디 프로를 제작할 때 곳곳에 웃음소리 효과음을 리액션으로 넣어서 웃음을 유도했다. 다수의 의견을 본능적으로 따르는 인간의 심리학을 이용한 장치다. 뇌에게 있어서 그 웃음소리가 가짜인지 진짜인지를 분간하는 건 중요하지 않다. 뇌는 웃음소리 효과음 자체를 여러 사람들이 보내는 신호로 받아들이고, 혼자 가만히 있는 것보다는 함께 웃는 편이 유리하다고 판단해서 웃음을 터뜨린다. 원시시대부터 무리 지어 생활하면서 터득한 일종의 삶의 지혜라 할 수 있다.

대인 관계에서도 리액션은 중요하다. 리액션을 잘하는 사람들은 어떤 모임에 나가든 환영 받는다. 누구의 이야기나 재미있게 잘 받아 주기 때문이다. 리액션에는 몸짓과 표정과 말이 있다. 한 가지만 사용하면 리액션이 어색하다. 자연스럽게 말과 표정과 몸짓이 하나가 되어야 한다. 상대방이 이야기할 때면 리액션과 함께 맞장구를 쳐 줘라.

리액션에는 두 종류가 있는데 수동적인 리액션은 상대의 말끝마다 맞장구를 쳐 주는 것이다. 마당극에서 북치는 고수가 "얼쑤!", "잘한다!" 하고 추임새를 넣어서 흥을 돋우듯이 대화할 때도 추임새를 넣어 줄 필요가 있다. 눈을 맞추며 경청하다가 "아, 그래요!", "저런!", "세상에!", "와!" 같은 추임새를 넣어 주면, 말하는 사람은 상대방이 자신의 이야기를 재미있게 듣고 있다고 판단하여 자신감과 함께 목소리에 힘이 실리게 된다. 그러나 초지일관해서 짧은 감탄사로 맞장구를 치다 보면 처음에는 좋아하다가도 시간이 지나다 보면 '내 말을 끊을 수 없어서 마지못해 리액션을 하고 있는 거 아닐까?' 하고 의심하게 된다.

보다 자연스럽게 리액션을 하고 싶다면 능동적인 리액션을 해야 한다. 능동적인 리액션은 맞장구를 쳐 줌과 동시에 상대방으로 하여금 하고 싶은 이야기를 계속할 수 있도록 유도하는 것이다.

"저는 한밤중에 재즈 음악을 즐겨 듣습니다. 밤과 재즈는 오래된 연인들처럼 친숙한 느낌을 주거든요."

"와, 재즈 좋아하시는구나! 좋아하는 뮤지션이 누구예요?"

이렇게 반응하면 말하는 사람은 내심 '재즈를 싫어하면 어떡하지?' 하고 걱정하다가 용기를 얻어서 자신이 얼마나 재즈를 좋아하는지에 대해서 털어놓게 된다. 상대방으로서는 자신이 좋아하는 분야에 대해서 대화할 수 있는 자리이니 그 만남이 신나지 않겠는가.

능동적인 리액션 중에는 '메모'도 포함된다. 상대가 중요한 이야기를 하면 그 자리에서 적는 게 좋다. 충분히 기억할 수 있는 내용이라도 메모를 하면 상대방이 안심함과 동시에 나를 신뢰한다. 따라서 대화 중에 자칫 착각하거나 잊어버릴 수 있는 내용이라면 곧바로 적어두는 게 좋다.

"우리 모임에서 등산 갈 때 같이 가는 건 어때요?"

"저야 영광이죠! 몇 시에 어디로 가면 되나요?"

상대방이 말하는 날짜, 시간, 장소를 그 자리에서 메모하면 열심히 듣고 있었음은 물론이고, 꼼꼼하고 성실한 사람이라는 인상을 심어줄 수 있다.

손뼉도 마주쳐야 소리가 나게 마련이다. 아무리 재미있는 이야기도 상대의 반응이 시들하면 지루한 이야기로 변하고 만다. 상대방과 대화할 때는 다소 재미없는 이야기라 하더라도 리액션과 함께 맞장구를 쳐라. 그러다 보면 점점 사람들이 마음을 열고 다가온다.

로렌스 굴드는 "우리는 누구나 나를 좋아해 주기를 바란다. 그러나 내가 뛰어난 지식을 자랑하고 있는 듯한 인상을 주어서는 결코 상대방으로부터 호감을 얻을 수 없다. 상대방이 나를 좋아하도록 하는 비결은 상대방의 기분을 유쾌하게 해 주는 데 있다."고 했다.

뇌는 타인에 대한 존중에는 인색하면서도 자신만큼은 존중받기를 원한다. 따라서 내가 존중받고 싶다면 먼저 상대방을 충분히 존중해야 한다.

칭찬거리

기분을 상승시켜 주는 향기

칭찬에는 두 종류가 있다. 타인이 나에게 해 주는 칭찬과 내가 스스로 하는 칭찬이다. 타인이 해 주는 칭찬도 기분이 좋다. 또한 처음부터 의도하지는 않았는데 대화 중에 어쩔 수 없이 나 스스로에게 하게 되는 칭찬도, 막상 해 놓고 나면 상대방 앞이라 내색하지는 못하지만 기분이 좋다.

사람의 말 속에는 가치관, 열정, 목표, 끈기, 인내, 도전 정신, 긍정적인 태도, 성실성, 노력 등이 숨겨져 있기 마련이다. 마음을 열어놓고 상대방의 장점이나 칭찬거리를 찾기로 마음먹으면 누구나 칭찬거리를 찾아낼 수 있다.

대화의 달인들은 상대방이 기분 좋게끔 요령 있게 칭찬하기도 하지만 대화 속에서 상대방 스스로 자신의 칭찬거리를 찾아내도록 유도한다.

"이번 프로젝트를 끝내느라고 이 주 동안 잠도 제대로 못 잤습니다."

"그러고도 생생하신 걸 보니 정말 대단한 체력이네요. 쉬엄쉬엄하지 그러셨어요?"

"제 기획안이 채택된 거라 그럴 수 없더라고요. 행여 잘못될까 봐 평상시보다 두세 배는 더 집중해야 했죠."

"열정도 대단하시고, 책임감도 대단하시네요!"

"열정은 모르겠지만 제가 책임감은 좀 있죠."

"학창시절부터 성실하다, 책임감 있다는 소리 많이 들으셨죠?"

"그랬나요? 생각해 보니 학적부에 그런 내용이 적혀 있던 것 같기도 하네요."

"와, 저는 책임감 있는 분들이 멋지던데…. 존경스럽습니다!"

"아니, 뭐 존경받을 정도까지는 아니고…."

평상시 나누는 가벼운 대화일지라도 조금만 상대방에게 신경 쓰면 칭찬거리를 찾아내서 스스로 칭찬할 수 있도록 유도할 수 있다. 그리고 대화 중에 상대방으로 하여금 가족이나 지인을 스스로 칭찬하게 하는 방법도 있다.

"부장님, 이 넥타이 누가 골랐어요?"

"아내가 골랐는데… 왜?"

"사모님이 센스가 있으시네요. 와이셔츠랑 양복에 정말 잘 어울려요!"

"그래? 아내가 물건 고르는 안목이 있긴 하지."

뇌는 스스로 하는 가족의 칭찬에도 기분 좋게 반응한다. 가족은 자신의 일부분이라고 인식하기 때문이다.

부모가 아이를 교육할 때 주로 사용하지만 CEO가 직원을 다룰 때도 채찍과 당근은 유용하다. 일을 잘 못하면 꾸중과 함께 문책을 하고, 일을 잘 하면 칭찬과 함께 보상을 한다. 그러나 현명한 부모도 그렇지만 현명한 CEO는 채찍보다는 당근을 주로 사용한다. 꾸중을 들을 경우, 뇌가 해고에 대한 불안 및 미래에 대한 걱정, 자신에 대한 질책, 변명 등 복잡한 정서 상태에 돌입해서 제대로 제 기능을 못하기 때문이다. 반면 당근은 자신감을 불어넣어 주고, 명확한 분석력과 판단력으로 주어진 업무를 완벽하게 처리해 낸다.

2005년 하버드 대학에서 흥미로운 두 개의 연구가 진행되었다. 자기공명영상fMRI 을 통해 스트라우스 박사는 '꾸중'을 들었을 때 뇌의 변화를, 홀리 박사 연구팀은 엄마의 '칭찬'을 녹음하여 자녀에게 들려주며 나타나는 뇌의 변화를 각기 연구하여 발표했다. 화난 얼굴을 보거나 꾸중을 듣는 경우, 뇌의 상태가 부정적이며 정서가 복잡하게 변했다. 이러한 상황이 반복될 경우 뇌 기능이 저하되고 심리 상태가 불안정해져서, 정신 건강에도 좋지 않은 영향을 미치는 것으로 나타났다.

반면 칭찬을 들은 아이는 뇌의 CEO라고 할 수 있는 전전두피질

Dorsolatral Prefrontal Cortex, DLPFC이 활성화되었다. 전전두피질은 계획하고 문제를 해결하는 곳으로써 활성화되면 될수록 사고력과 판단력, 문제 해결 능력이 높아진다.

직원들이 능력을 한껏 발휘하도록 하려면 CEO의 노력도 필요하다. 꾸중할 거리보다는 칭찬거리를 찾아서 메모해 두었다가 공개석상에서 직접 칭찬을 해 주거나, 회식 자리 같은 곳에서 스스로 칭찬할 수 있도록 대화를 유도한다면 분위기도 한결 화기애애해지고, 회사에 대한 애사심도 깊어진다.

2008년 일본 국립생리학연구소의 사다토 노리히로 교수팀은 사람의 뇌가 칭찬이나 외부 자극에 어떻게 반응하는지를 자기공명영상fMRI을 통해 촬영했다. 대학생 남녀 19명을 대상으로 '신뢰할 수 있다', '상냥하다' 등등 84종류의 칭찬하는 말을 보여준 결과 칭찬을 받으면, 금전적 보상을 받았을 때처럼 뇌 중심부에 위치한 선조체Striatum의 일부분이 활성화되는 것을 발견할 수 있었다. 칭찬은 일종의 금전적 보상과 유사한 효과를 나타내는 셈이다.

뇌는 거짓말을 전제로 한 칭찬에도 불구하고 칭찬을 들으면 좋아한다. 한마디로 칭찬에 목말라 있는 셈이다. 또한 뇌는 굳이 타인의 칭찬과 자신이 스스로 한 칭찬을 구분하려 들지 않는다. 대화 중에 스스로를 칭찬하고 나면 뇌는 자신을 칭찬하도록 도와준 상대방에게 호감을 느낀다. 알게 모르게 마음의 문이 열리는 셈이다.

인도의 시성이자 사상가인 타고르는 칭찬에 대해서 이렇게 고백한다. "칭찬은 나를 부끄럽게 한다. 왜냐면 내 마음 한구석에서 그것을 은근히 바라고 있었기 때문이다." 많은 사상가들이 교만해지기 쉬우므로 칭찬을 경계하라고 했지만 타고르는 칭찬받기를 원하는 뇌의 본성을 깨닫고 있었다.

사실 세상 모든 사람들의 뇌는 칭찬받아 마땅하다. 뇌는 24시간 일한다. 우리가 잠자는 동안에도 뇌는 하루 동안 수집한 정보를 정리하여 분류하고, 때로는 재생해 보기도 하면서 이러저리 얽히고설킨 정보들을 최대한 간결하게 처리해 놓는다. 고민으로 머리가 터질 것 같았는데 자고 일어나면 머리가 한결 개운해지는 것도 이 때문이다. 누가 이만큼 열심히 일하겠는가? 수고하는 뇌를 위해서, 타인에게 듣는 칭찬과는 별도로 틈날 때마다 나 스스로에게 칭찬해 줄 필요가 있다.

유머

마음을 여는 비밀열쇠

피천득 선생은 수필집《인연》에서 '유머의 기능'에 대해서 이렇게 말한다.

유머는 위트와 달리 날카롭지 않으며 풍자처럼 잔인하지 않다. 비평적이 아니고 동정적이다. 불꽃을 튀기지도 않고 가시가 들어 있지도 않다. 유머는 따스한 웃음을 웃게 한다. 유머는 웃음거리나 익살은 아니며 야비하지 않다. 유머에 악취미란 있을 수 없다. 위트는 남을 보고 웃지만 유머는 남과 같이 웃는다. 서로 같이 웃을 때 우리는 친근감을 갖게 된다. 유머는 다정하고 온화하며 지친 마음에 위안을 준다.

유머는 인간을 웃게 하고, 그 웃는 얼굴을 바라보며 우리는 서로 친근감을 느낀다. 이왕이면 다홍치마라고 하지 않던가. 화난 얼굴보다는 웃는 얼굴이 좋다. 화난 사람이 할 수 있는 행동은 돌발적이기에 경계해야 하지만 웃는 사람이 할 수 있는 행동은 단순하기에 마음도 편안하다. 유머가 있는 사람은 어떤 모임에 가든 인기가 좋다. 즐거움을 선물하기 때문이다. 대인 관계를 잘 하려면 유머를 적절히 구사할 줄 알아야 한다.

유머는 우리가 생각하는 것 이상의 힘을 지니고 있다. 대선에 출마한 후보자들은 유권자들의 눈에 비친 자신의 이미지에 각별히 신경을 쓴다. 유권자들은 꽉 막힌 대통령보다는 유머 있는 대통령을 원한다. 따라서 유머 있고 부드러운 이미지로 다가가기 위해서 유명 개그맨과 함께 지역을 돌기도 하고, 연설할 때도 적절하게 유머를 구사한다.

유머는 협상이 난항에 부딪쳐 제자리걸음을 할 때도 힘을 발휘한다. 누군가의 유머로 분위기가 바뀌게 되면 분위기가 반전되어 극적인 타결을 이끌어 내기도 한다.

여자들의 배우자 선호도에서도 유머 있는 남자는 매년 높은 순위를 차지한다. 경제적 능력이나 학벌 좋은 남자들이 안겨 줄 경제적 안정감보다 친근하고 재미있는 결혼 생활을 더 동경하기 때문이다. 기업에서도 유머 있는 CEO는 인기가 높다. 특별한 능력을 지니고 있는 듯 보이는 데다 일터에 활력을 불어넣기 때문이다.

이처럼 유머가 강력한 힘을 발휘하는 까닭은, 인간은 이미 웃을 만반의 준비가 되어 있는 사회적 동물이기 때문이다. 웃음을 오랫동안 연구한 메릴랜드대학의 심리학 교수인 로버트 프로빈은《웃음-과학적 탐구》라는 책에서 웃음은 사회적 상호작용이며, 혼자 있을 때보다 다른 사람과 함께 있을 때 30배나 더 웃는다고 했다. 그가 관찰한 바에 의하면 사람들은 웃기지 않는 말에도 자주 웃음을 터뜨렸으며, 웃음의 80%는 웃겨서 웃는다기보다는 인간관계를 부드럽게 해주는 윤활유 역할을 하기 때문이라고 주장했다. 인간은 웃음을 개인의 쾌락을 위해서 사용한다기보다는 사회와의 연대를 위해서 사용하고 있음을 알 수 있다. 그래서 그다지 웃기지 않는 농담에도 흔쾌히 웃어 주고, 다른 사람들이 웃으면 영문을 모르면서도 따라 웃는다.

최근 자기공명영상fMRI을 통해서 뇌의 활동을 측정한 결과, 웃을 때는 전두엽 아래 부분이 활성화되는 것으로 나타났다. 이 부분은 감정적 판단과 계획에 관여하는 부분과 같은 영역이다. 즉 웃음은 감정적이기도 하지만 계획적이기도 함을 엿볼 수 있다. 인간은 마음먹기에 따라서 웃음을 적절히 조절할 수 있다. 호감을 갖고 있는 사람과 대화할 때는 그다지 웃을 만한 상황이 아님에도 불구하고 감정적인 연대감을 맺기 위해서 자주 웃음을 터뜨린다. 반면 적대감을 갖고 있는 사람과 대화할 때는 긴장하고 있는 상태이기 때문에 고급스런 유머에도 차가운 표정을 유지한다.

유머 있는 사람이 되기 위해서는 첫 번째로 깨끗한 이미지를 갖고 있어야 한다. 유머는 상대적이다. 똑같은 유머라도 누가 했느냐에 따라서 웃음의 강도와 질이 달라진다. 웃음은 사회적 연대를 위해서 사용되기 때문에 나에 대해서 좋은 인상을 갖고 있는 사람을 웃기는 일은 그리 어렵지 않다. 개그맨이나 예능 프로에 출연하는 사람들의 이미지 관리가 중요한 이유도 바로 이 때문이다. 깨끗한 이미지를 갖고 있는 출연자가 등장해서 무심코 입을 헤 벌리고 소리 없이 웃기만 해도 수많은 시청자가 동시에 똑같은 표정을 짓는다. 반면 도박, 음주운전, 문란한 사생활 등으로 이미지가 나빠진 출연자가 등장해서 혼신의 힘을 다해 웃기려 해도 시청자의 반응은 싸늘하다. 후자의 경우에는 프로그램을 위해서도 그렇고 당사자를 위해서도 시청자가 그 사건을 잊을 때까지 자숙의 기간을 가져야 한다.

유머 있는 사람이 되기 위해서는 두 번째로 마음의 여유가 있어야 한다. 현실과 밀착되어 있는 상황에서는 유머를 구사하기가 힘들다. 유머란 정면이 아닌 다른 각도에서 바라보았을 때 자연스럽게 터져 나오는 것이기 때문이다. 현재 상황에서 한 발짝 뒤로 물러나서 객관적으로 바라볼 수 있는 정도의 여유만 있다면, 퇴사 통보나 이별 메시지를 받은 최악의 상황에서도 유머를 구사할 수 있다.

유머 있는 사람이 되기 위해서는 세 번째로 책을 많이 읽어야 한다. 독서를 통해서 다양한 간접 경험을 하게 되면 세상이나 사물을 다른 각도에서 바라볼 수 있는 여유와 능력이 생긴다.

유머 있는 사람이 되기 위해서는 네 번째로 스스로 자주 웃어야 한다. 웃음은 전염성이 강하다. 내가 웃으면 상대방도 따라 웃기 마련이다. 거울 앞에서 소리 내어 웃으면서 억지스럽지 않은 자연스러운 표정을 찾아보자.

인생을 살다 보면 좋은 날도 있지만 그렇지 않은 날도 많다. 그러나 자주 웃다 보면 좋은 날은 물론이고, 그렇지 않은 닐도 좋은 날로 변하기 마련이다. 사회적 연대를 위해서 웃는 것도 좋지만 가끔은 내 마음의 평화를 위해서 웃음을 터뜨릴 필요가 있다.

미국의 심리학자 윌리엄 제임스는 '행복해서 웃는 게 아니라 웃다 보니까 행복해진다.'고 했다. 웃다 보면 뇌에서 진통제의 일종인 엔도르핀이 분비된다. 웃는 사람은 고통에 대한 면역력이 강해져서, 힘든 상황이 닥치더라도 어렵지 않게 이겨낸다.

상황이 순조롭게 풀릴 때는 물론이고, 상황이 악화될지라도 자주 웃어라. 웃을 상황은 아니지만 웃다 보면 그 상황을 이겨낼 힘을 얻게 되고, 그러다 보면 웃을 수 있는 상황으로 점점 바뀌게 된다.

특별한 시간이 만들어 내는 마술 ^{순수}

시간은 무색, 무취, 무형의 형태이다 보니 소리 없이 다가와서 흔적도 없이 사라져 버린다. 의식하지 않는다면 시간이 지나고 있는지조차 깨닫지 못한다.

인생의 목표를 세우고, 시간을 의미 있는 곳에 사용하고 싶은 사람들은 자신의 시간 곳곳에다 명찰을 달아 준다. 그것이 바로 시간표이다. 시간을 계획적으로 사용함으로써, 궁극적으로는 내가 원하는 삶을 살기 위함이다. 만남 또한 마찬가지다. 우리는 살아가면서 무수히 많은 사람들과 만나고 헤어진다. 그러나 그중 기억에 남는 사람은 많지 않다. 그중에서도 또렷하게 기억할 수 있는 사람은 학창시절에 어울려 다니던 몇몇 친구들뿐이다.

오랜 세월이 흘렀는데 왜 그 친구들만 기억에 남는 걸까? 가장 큰 이유는 뇌가 기억해 둘 만한 특별한 만남이었기 때문이다.

기억력에 남다른 능력을 지닌 사람들의 뇌는 엄청난 정보를 저장하고 기억하지만 일반인의 뇌는 저장 용량에 한계가 있다. 특별한 사람이 아니면 기억하지 못하고, 특별한 만남이 아니면 이내 잊어버린다. 미완의 만남이나 특별한 만남만 장기 기억장치에 저장하고, 대부분의 만남은 서서히 지워버린다. 그래야 뇌 속에 새로운 사람의 얼굴과 새로운 만남으로 채울 수 있기 때문이다.

호감을 갖고 있는 사람과의 만남이라면 특별한 만남으로 만들 필요가 있다. 처음부터 특별한 만남은 없다. 계획표를 짜서 시간의 의미를 부여하듯이 대개 특별한 만남은 누군가의 시도로부터 시작된다. 특별한 만남을 만드는 데는 여러 가지가 있지만 그중 대표적인 것이 '순수'이다. 순수란 아무도 밟지 않은 설원 같은 것이다. 새하얀 설원 위에 첫발을 내딛을 때의 느낌은 쉽게 사라지지 않는다. 이런 느낌을 공유할 수 있다면 특별한 만남이 된다.

"아, 아름답네요! 한강 야경은 처음이에요."

'처음'이라는 말 속에는 순수가 감춰져 있다. '처음'이라는 말을 발음하는 순간, 평온하던 나의 가슴은 뛰기 시작하고, 상대방의 가슴은 설렌다. 함께 시간을 보내고 집에 돌아가면 묘한 여운과 함께 특별한 만남으로 기억된다. 만남은 두 사람이 어떤 대화를 나누며 어떻게 시간을 보내느냐에 따라서 확연히 달라진다. 만약, 위의 사람과 동일한 사람이라 할지라도 이렇게 말하게 되면 만남의 의미가 퇴색된다.

"일 년 전쯤 소개팅해서 만난 분하고 한낮에 한강에 오곤 그 뒤로 처음이네요."

한 번 왔던 곳이라는 생각이 들면 한강의 경치가 눈에 익은 듯해서 새로울 게 없어 보이고, 상대방에 대한 호감도 반감된다. 상대방 또한 비교당하는 느낌이 들어서 들떠 있던 흥분이 차분히 가라앉는다.

"한강 야경 보러 이삼일에 한 번은 오는 것 같아요."

모처럼의 만남인데 이런 식으로 대답하면, 눈이 녹기 시작하는 진창 위를 걸어가는 기분이어서 만남의 의미 자체가 퇴색된다. 어차피 똑같은 공간에서 보내는 시간인데 순수하고 신선한 만남이 서로에게 좋지 않겠는가. 상대방에게 호감을 품고 있는 상황이라면 더더욱 그렇다.

사실 우리가 의식하지 않아서 그렇지 찾아보면 우리 일생에서 '처음'도 상당히 많다. 가장 흔한 건 음식이다.

"추어탕은 처음 먹어봐요."

이런 경우가 아주 없는 건 아니지만 나이를 먹고 사회 경험을 하다 보면 흔하지는 않다. 하지만 몇 개의 전제 조건을 깔아놓으면 처음이 된다.

"설렁탕을 이렇게 야심한 시간에 이성하고 마주 앉아 단둘이 먹기는 처음이네요."

상대방에게 내가 관심을 갖고 있음을 전하고, 상대방의 마음을 설레게 하기에는 이 정도로도 충분하다. 숱한 이성과 마주 앉아 설렁탕을 먹어본 사람처럼 보이는 것보다는 훨씬 더 현명한 고백이다.

"산 정상에서 낮달을 보기는 처음이네요."

"도심에 태풍이 지나가는 날, 커피숍에서 커피를 마시기는 처음이네요."

"폭설이 내리는 날, 삼겹살에다 소주를 마시기는 처음이네요."

자연현상과 함께 '처음'을 말하고 나면 왠지 운명적인 만남일 것 같은 예감이 든다. 마치 소설이나 영화 속 주인공이 된 것만 같은 기분에 사로잡히게 된다. 좀 더 감정을 담고 싶다면 '처음'이라는 말에다 칭찬을 섞으면 된다.

"당신처럼 눈동자가 맑고 까만 분은 처음 봐요. 마주 보기가 두렵네요. 마치 블랙홀처럼 금방이라도 빨려들어갈 것만 같아서…."

뇌는 웬만한 만남은 쉽게 잊어 버려도 이런 만남은 오래도록 기억한다. 자신에 대한 특별한 칭찬인데 어찌 쉽게 잊겠는가.

수많은 관객을 울린 〈러브 스토리〉에는 눈 내리는 캠퍼스가 등장하고, 〈닥터 지바고〉는 설원이 배경이다. 영화 속의 '눈'은 '순수'라는 상징성을 지니고 있다. 특별한 만남을 만들고 싶다면 순수가 함께 하는 만남을 가져야 한다. 가장 약한 듯 보이지만 사람들의 가슴속을 파고드는 강력하고 효과적인 무기가 바로 순수이다.

프랑스의 모럴리스트 라 브뤼에르는 "인간은 단 한 번의 참사랑을 하는데 그것이 바로 첫사랑이다. 그 뒤에 찾아오는 사랑은 이보다는 덜 강렬한 것이다."라고 말했다.

첫사랑은 더더욱 그렇지만 뇌는 무슨 일이든 첫 경험을 쉽게 잊지 못한다. 장기 출장에서 돌아온 아버지를 처음 봤을 때, 처음으로 집을 떠나서 수학여행을 갔을 때, 처음으로 친구와 격렬하게 싸웠을 때 등은 오랜 세월이 지나도 생생하게 기억이 난다. 익숙한 상황이 아닌, 긴장된 상태에서 보낸 특별한 시간이기 때문이다. 그러다가 비슷한 상황이 되풀이되면 점차 긴장이 풀리고, 망각장치가 가동된다. 긴장 상태 속에서 치렀던 첫 경험만을 남겨둔 채로.

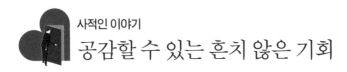

사적인 이야기
공감할 수 있는 흔치 않은 기회

미국의 문화인류학자인 에드워드 홀은 '인간은 저마다 보이지 않는 거리를 두며 살아간다.'는 '근접학Proxemics'을 연구했다. 의식적으로 느끼지는 못하지만 자신도 모르게 4단계 거리를 유지하며 살아간다고 한다.

1단계는 친밀한 거리로 46cm 이내, 2단계는 개인적인 거리로 46~122cm, 3단계는 사회적 거리로 122~366cm, 4단계는 공적인 거리로 366cm 이상의 거리다.

1단계는 전적으로 신뢰할 수 있는 사람만 들어올 수 있는 지극히 사적인 공간이다. 애인이나 부부, 친한 친구나 가족 정도가 들어올 수 있는 공간이다. 2단계는 가족, 친구, 직장 동료와 공유하는 공간으로 대개는 식당이나 카페, 벤치에 앉아서 사소한 이야기를 나누는 거리다. 3단계는 사회적 거리로 일상에 필요한 일을 하기 위한 공간으로, 쇼핑할 때 점원과의 거리나 식사할 때 종업원 등과의 거리다. 4단계는 공적인 거리로 연설이나 강의 등을 들을 때 필요한 거리다.

인간이 이러한 거리를 두고 살아가는 이유는 '보호 본능' 때문이다. 가까운 사람일수록 심리적으로 편안한 상태에서 속삭이며 대화하게 되고, 멀어질수록 긴장된 상태에서 목소리를 높이게 된다.

이처럼 인간은 대인 관계에서 심리적인 거리 이외에도 저마다 성城을 갖고서 살아간다. 성 안에는 취미, 꿈, 가족, 친구, 추억, 비밀, 콤플렉스 등이 숨겨져 있다. 만남이 잦아지고 세월이 흐르면서 점차 자신의 성 안으로 상대방을 초대하는 사람이 있는가 하면, 만난 기간이 오래 되었어도 자신의 성문을 닫아 건 채 살아가는 사람도 있다.

대인 관계에서 상대방의 마음을 사로잡으려면 자신의 성을 개방해서 사적인 이야기를 할 줄 알아야 한다. 인간은 낯선 사람일수록 사적인 이야기를 꺼린다. 그러다 점차 가까워지면서 사적인 이야기를 점점 공유하는 게 일반적인 현상이다. 개인적으로 가까워지고 싶다면, 심리적인 거리가 가까워진 사적인 자리에서 사적인 이야기를 꺼내면 친밀감이 형성된다. 심리학에서는 '자기 노출'이라고 하는데, 상대방이 자기 노출을 할 경우 나도 자기 노출을 해야 한다는 마음의 부담감과 함께 호감을 느끼게 된다.

자기 노출의 빈도수가 높을수록 친밀감이 형성되게 마련이다. 서로가 비밀을 털어놓게 되면 급속도로 가까워진다.

그런데 많은 사람들이 자신의 성문을 개방하려 하지 않는다. 콤플렉스, 실패담, 불행한 가족사, 감추고 있는 질병, 떠올리고 싶지 않은 유년시절의 추억 등을 털어놓으면 상대방이 혐오하거나 멀리할까 봐 두려워하기 때문이다. 실제로는 오히려 이런 유형의 자기 노출에 사람들은 쉽게 마음의 문을 연다.

연예인이나 정치인들은 각종 토크쇼에 나와서 '자기 노출'을 통해 이미지를 관리한다. 소문으로 떠돌며 형성된 나쁜 이미지를 자기 노출을 통해서 동정 내지는 공감을 얻어 전략적으로 바꿈으로써, 유권자나 시청자의 마음속으로 파고든다.

대화의 달인들 또한 호감을 갖고 있는 상대에게는 자기 노출을 꺼리지 않는다. 세상의 모든 것들은 눈에 보이는 표면 뒤에 눈에 보이지 않는 이면을 갖고 있게 마련이다. 자신에 대한 나쁜 소문이 떠돌고 있다면 자기 노출을 통해서 소문을 인정하고, 이면을 공개함으로써 동정 내지는 공감을 얻어낼 수 있다.

"제가 요리 학원에 다니면서 개인 사업을 준비하고 있다는 소문이 떠돌고 있죠? 제가 중화요리 학원에 다니고 있는 건 맞아요! 그런데 중국집 차리려고 요리 학원에 다니고 있는 건 아니에요. 사실 제가 삼년 전에 이혼해서 아이들이 전처와 살고 있거든요. 이 주에 한 번씩 만나는데 아이들을 사랑하는 내 마음을 어떻게 표현할까 고민하다가, 아이들에게 정성이 담긴 요리를 해 주는 건 어떨까 싶어서 다니기 시작한 거예요. 아이들이 중화요리 좋아하잖아요! 요즘에는 중화요리 잘하는 장인들이 많아서 요리 학원에 다니면서도 제 요리가 아이들 입맛에 안 맞으면 어떡하나 걱정 많이 했어요. 그러다 지난주에 처음으로 탕수육을 해 줬는데 아이들이 맛있다면서 엄지손가락을 척 치켜세우더라고요. 울 아빠, 최고라면서! 그래서 요즘은 신바람이 나서 학원에 다니고 있죠."

자기 노출은 서로 공감할 수 있는 흔치 않은 기회이고, 마음을 열고 다가갈 수 있는 절호의 기회이며, 친해질 수 있는 좋은 기회다. 대화의 달인이 되고 싶다면 말을 잘하는 것도 중요하지만 자기 노출을 적절히 활용할 줄 알아야 한다. 특히 여자는 자기 노출을 별다른 저항 없이 받아들이므로 자연스럽게 자기 노출을 하면 쉽게 다가갈 수 있다.

필라델피아대학교 의과대학 라지니 버마 교수가 이끈 연구팀이 8살~22살 사이의 남녀 949명[남 428, 여 521]의 뇌를 '뇌 영상DTI'을 통해 연구한 결과에 의하면 남녀의 뇌 연결망 구조가 확연히 달랐다. 남자 뇌는 대뇌 반구 내부의 연결구조가 발달하고 소뇌 좌우 반구 간의 연결구조가 발달해 있는데, 이러한 구조는 통합 행동에 효율적인 시스템이다. 따라서 뇌 영상 분석과 함께 행한 다른 행동 연구에서 남자는 여자에 비해 운동과 공간 능력에서 더 나은 수행력을 보여 주었다.

반면 여자의 뇌는 대뇌 좌우 반구 간의 연결이 발달해 있는데, 이러한 구조는 좌반구에서 일어나는 분석적이며 순차적인 추론 방식, 그리고 우반구에서 일어나는 공간적·직관적 정보 처리의 통합에 효율적이다. 따라서 여자는 어휘력과 사회적 인지 능력에서 남자보다 나은 수행력을 보여주었다.

뇌 연결 구조의 남녀 차이는 13세 이하에선 잘 나타나지 않았으며 14~17세 청소년기에 두드러지게 나타나는 것으로 드러났다. 이번 연구 결과는 남자와 여자의 사고방식의 차이를 보여 줌과 동시에 남자와 여자가 상호보완적인 뇌를 갖고 있음을 보여 주고 있다.

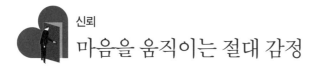

신뢰
마음을 움직이는 절대 감정

부잣집에 관리인으로 채용돼도 신뢰를 얻지 못하면 곳간 열쇠를 넘겨받을 수 없다. 대인 관계에서도 마찬가지다. 신뢰를 얻지 못하면 마음을 얻을 수 없다. 30년을 사귀어도 신뢰할 수 없는 사람이 있는가 하면 단지 3분 만났을 뿐인데도 신뢰가 가는 사람이 있다. 이 두 사람의 차이는 무엇일까?

신뢰는 오랜 세월 행동의 결과에 의해서 강 하구의 모래톱처럼 서서히 쌓이기도 하지만 직감이나 감정에 의해서 순식간에 형성되기도 한다. 화술의 달인들이 첫인상에 각별히 신경 쓰는 이유도 그 때문이다. 대화술을 익혀야 하는 강력한 이유 중에 하나는 상대방으로부터 신뢰를 얻는 데 있다. 신뢰를 얻으려면 다음의 7가지를 명심하라.

하나, 미소를 지어라 | 인간은 상대를 따라 하려는 본능이 있다. 내가 화난 얼굴을 하고 있으면 상대도 화난 얼굴을 하고, 내가 웃는 얼굴을 하면 상대도 웃는 얼굴을 한다. 미소는 기분 좋은 상태에서의 출발을 의미한다.

둘, 예의를 갖춰라 | 옷차림이든, 몸짓이든, 말투든 간에 최대한 예의를 갖춰야 한다. 상대가 정장 차림이라면 나도 정장 차림을 해야 하고, 상대가 90도로 인사하면 나도 90도로 인사해야 하고, 상대가 경어를 쓰면 나도 경어를 써야 한다. 뇌에는 '예의 바른 인간은 제대로 교육받았고, 겸손하고, 신뢰할 만하다'는 인식이 뿌리 깊게 박혀 있다.

셋, 개방적인 태도를 취하라 | 마주 보고 앉을 때는 팔짱을 끼거나 다리를 꼬지 마라. 방어적인 느낌을 주게 되어서 상대방으로 하여금 부정적인 인식을 갖게 한다. 두 팔을 벌려서 가슴을 열고, 부드러운 시선으로 상대의 눈을 바라보라. 상대방의 이야기에 공감할 때는 고개를 끄덕이며 상체를 자연스럽게 앞으로 기울여라. 이러한 몸짓과 동작들은 상대방에게 안정적인 느낌과 동시에 신뢰를 준다.

넷, 대화의 주도권을 상대방에게 넘겨라 | 설득의 기본은 말을 많이 하는 데 있는 게 아니라 내 생각을 전달해서 상대방의 마음을 얻는 데 있다. 내 생각을 전달하기 위해서는 충분히 상대방의 이야기를 들을 필요가 있다. 제대로 경청하면 할수록 상대방의 마음이 열린다.

만약 말수가 적은 사람인 경우에는 짧은 질문을 던져서 상대방의 입을 열어라. "날씨가 참 좋네요.", "올 때 차가 막히지는 않았나요?", "휴가는 다녀오셨나요? 어디로 다녀오셨나요?" 등등의 질문을 던지되, 가급적 상대방이 'yes'라고 하거나 부담 없이 대답할 수 있는 질문을 던져라. 'yes'라고 대답하다 보면 뇌의 기분이 점점 좋아지고, 질문의 종류와 내용에 따라서 점점 말이 늘어난다.

다섯, 구체적으로 말하라 | 말을 하지 않거나 짧게 설명한다는 것은 감추는 것이 많음을 의미한다. 의심은 의심을 불러서 결국 신뢰를 떨어뜨린다. 상대방이 알고 싶어 하는 일이나 설명해 줘야 할 것이 있다면 구체적으로 설명하라. 명확하면 명확할수록 신뢰가 쌓인다.

여섯, 잘못을 인정하라 | 인간은 자신의 잘못을 인정하지 않으려는 경향이 강하다. 자신의 실수나 무능을 인정하고 싶지도 않을뿐더러 그 일로 인한 파장이 두렵기 때문이다. 기업의 잘못된 제품에 대한 리콜이 기업과 제품에 대한 신뢰도를 높이듯이, 자신의 잘못을 솔직히 인정하면 신뢰도는 오히려 높아진다.

일곱, 말과 행동을 일치하라 | 말만 앞세우는 사람은 신뢰할 수 없다. 비록 작은 것일지라도 자신이 뱉은 말에는 책임을 질 줄 아는 습관을 길러야 한다. 인간의 뇌에는 수많은 잣대가 있다. 수시로 잣대를 꺼내서 사람을 잰다. 상대방이 평상시 아무렇지도 않게 내뱉은 거짓말도 기억해 두었다가 중요한 일에 잣대로 사용하기도 한다. 신

뢰를 얻으려면 언행일치는 필수다.

신뢰를 얻기 위해서는 위의 7가지보다 더 중요한 것이 있다. 그것은 바로 상대방에 대한 신뢰다. 제롬 블래트너는 "아무도 신뢰하지 않는 자는 누구의 신뢰도 받을 수 없다."고 했다. 세상에서 가장 어리석은 자는 신뢰를 얻고 싶은 조급한 마음에 상대방을 먼저 신뢰해야 한다는 사실을 망각하는 자이다.

호르몬 연구로 유명한 미국의 클레몬테아 대학원의 신경경제학연구소장인 폴 자크 박사팀은 '신뢰게임'을 통해서 신뢰를 할 때 인체에 분비되는 호르몬의 양을 측정했다. 먼저 실험에 참가하는 참가자에게 10달러를 주며 게임 규칙을 알려 주었다.

참가자들은 저마다 익명의 상대와 짝을 이루고 있다. 10달러는 자신이 가질 수도 있고 상대방에게 보낼 수도 있다. 만약 A가 B에게 4달러를 보낸다면 그 돈은 세 배로 불어나서, B가 받게 된다. 그럼 B는 12달러에다 참가비로 받은 10달러까지 해서 22달러를 받게 되는 셈이다. B는 그 돈을 모두 챙길 수도 있고, A에게 자발적으로 되돌려줄 수도 있다.

이 게임은 서로에 대한 신뢰를 바탕으로 하고 있다. 실험 결과 B 역할을 맡은 95%가 A에게 일정 금액을 되돌려주었는데, 금액이 많을수록 돌려주는 금액도 늘어났다. 결정이 끝나면 혈액을 채취했는데 상대에 대한 신뢰가 높으면 높을수록 옥시토신 호르몬이 증가한 것을 알 수 있었다.

옥시토신은 사랑의 호르몬으로 널리 알려져 있다. 오래된 연인인데 애정이 식었거나 부부 사이가 멀어졌다면 서로의 눈을 바라보며 부드러운 스킨십을 시도하는 게 좋다. 잦은 스킨십은 옥시토신을 다량으로 분비시켜서 정서적 안정감과 함께 기분 좋은 친밀감을 선사한다.

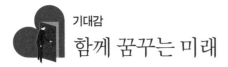

기대감
함께 꿈꾸는 미래

세상의 모든 만남, 그 이면에는 '기대감'이 존재한다. 상대방을 만남으로써 나에게 어떤 식으로든 좋은 일이 생길 거라는 막연한 기대감부터 보다 현실적이고 구체적인 기대감까지 혼재되어 있다. 만약 이 기대감이 사라지게 되면 만남은 끝이 난다. 특히 이성 간의 만남, 협상 같은 경우에는 기대감이 중요한 역할을 한다.

파울로 코엘료의 소설《연금술사》에 흥미로운 문장이 나온다.

"무언가를 구하는 매 순간이 곧 그것을 만나는 순간인 거야."

우리는 무언가를 기대하는 순간에 그것을 이루었을 때와 유사한 감정을 느끼게 된다. 부자를 꿈꾸게 되면 부자가 되었을 때의 충족감, 과학자를 꿈꾸게 되면 과학자가 느끼는 성취감, 승리를 꿈꾸게 되면 승리했을 때의 쾌감 등을 맛보게 된다. 그것은 곧 인간의 뇌가 미래지향적인 시스템을 갖추고 있음을 의미한다.

기대감에는 두 종류가 있다. '나에 대한 상대의 기대감'과 '상대에 대한 나의 기대감'으로 만남에서 이 두 개의 기대감이 부딪치게 된다. 기대감은 발효된 빵처럼 부풀어 오르다가 시간이 지나면서 적당한 크기를 유지하게 된다. 그러다 어느 날 그 기대감이 비눗방울처럼 꺼져 버리면 실망 내지는 분노하게 된다.

인간은 저마다 주변 사람들에 대한 기대감을 갖고 있고, 그 기대대로 변화하려는 성향이 있다. 나에 대한 상대의 기대감이 정당한 것이고, 환경이 받쳐 준다면 그 기대감을 충족시키기 위해서 행동한다. 예를 들어서 공부를 중간쯤 하는 학생인데 부모님이나 선생님이 우등생처럼 존중해 주고, 공부할 수 있는 환경이 주어져 있다면 실제로 우등생이 되기 위해서 노력한다. 반면 공부할 수 있는 환경도 열악한데 열등생처럼 대한다면 열등생으로 전락할 가능성이 높아진다. 상대방 또한 마찬가지다. 내가 어떤 기대를 품고 있느냐에 따라서 그 기대대로 변화하려는 움직임을 보인다. 만약 아무짝에도 쓸모없는 사람 취급을 하면 정말 쓸모없어지고, 나에게 큰 도움이 될 사람처럼 대하다 보면 언젠가는 나에게 큰 도움을 준다.

따라서 기대감을 적절히 이용하면 상대방의 마음을 쉽게 훔칠 수 있다. 그러기 위해서는 먼저 상대에 대한 나의 기대감부터 파악할 필요가 있다. 사람들은 저마다 다양한 기대감을 안고서 사람들을 만난다. 만남의 이면에는 훗날 남편이나 아내가 될 사람으로서의 기대감, 상사나 부하 직원으로서의 기대감, 사업 파트너나 후원자로서의 기대감 등등이 숨겨져 있다. 먼저 나에 대한 상대방의 기대감을 정확히 알고 나면 상대에 대한 나의 기대감을 충족시키기가 한결 쉬워진다. 예를 들어서 결혼하고 싶은 여자 친구의 아버지가 가난한 예술가여서 안정적인 삶에 대한 기대감이 크다면 프러포즈를 할 때 마음을 훔치기가 한결 쉽다.

"당신이 원하는 삶을 살아갈 수 있도록 경제적으로는 물론이고 정신적으로도 당신의 영원한 반석이 되어 주겠소. 나랑 결혼해 주겠소?"

회사에서 대인 관계가 원만하고 일을 잘한다면 직장에 대한 기대감이 어느 정도는 충족되어 있는 상황이라 볼 수 있다. 반면 불평 불만으로 가득 차 있다면 기대감이 전혀 충족되지 않았음을 예상해 볼 수 있다. 현명한 CEO나 상사는 직원의 기대감을 충족시켜 주기 위해서 노력한다. 밝은 표정으로 열심히 일하고 있다는 것은 기대감이 나름대로 충족되어 있음을 의미한다. 이런 직원에게는 칭찬과 격려가 필요하다.

"박 대리, 어제 점심 먹는데 전무님이 자네가 일도 참 잘하고 인사성도 밝다고 칭찬하시더라고. 물론 나도 그렇게 생각하고 있었지만 전무님이 먼저 말씀을 꺼내셔서 깜짝 놀랐어. 전무님은 산전수전 다 겪은 분이라서 안목이 높다 보니 눈에 차기 쉽지 않은데 참 대단해!"

불만 가득 찬 표정을 짓고 있고, 일도 하는 둥 마는 둥 하는 직원은 직장에 대한 기대감이 사라졌거나 개인적인 고민이 있기 때문이다. 이런 직원은 공개석상에서 꾸짖기보다는 개별적인 면담을 통해서 문제가 뭔지를 먼저 파악해야 한다. 개인적인 고민이라면 시간이 지나면 해결되겠지만 업무가 맞지 않거나 대인 관계로 인한 마찰 때문이라면 문제점을 해결해서 직장에 대한 기대감을 가질 수 있도록 해야 한다.

만남을 통한 기대감이란 함께 꿈꾸는 미래다. 같은 목표를 바라보면서 같이 앞으로 나아갈 때 개인적으로 성장하고, 조직은 발전한다. 마음을 훔치고 싶다면 나에 대한 상대방의 기대감을 파악하고, 상대방의 기대감을 채워 주기 위해서 고민해야 한다.

케임브리지 대학교 신경과학자인 볼프람 슐츠는 신호와 보상에 관한 상관관계를 캐내기 위해서 원숭이를 대상으로 흥미로운 실험을 했다.

뉴런의 활성도를 측정하기 위해서 행복의 중추 역할을 하는 '해마Hippocampus'에 전극을 꽂은 뒤, 원숭이로 하여금 의자에 앉아서 컴퓨터 모니터를 바라보도록 했다. 연구팀은 모니터에 일정한 도형이 나타났을 때 손잡이를 당기면 원숭이가 좋아하는 주스가 천장에서 떨어지도록 장치했다.

처음에는 화면에 별다른 관심을 보이지 않던 원숭이는 우연히 주스 맛을 보게 되면서부터, 모니터에 관심을 보이기 시작했다. 원숭이가 주스가 나오는 과정을 이해하게 되는 데까지는 오래 걸리지 않았다. 그 뒤 원숭이는 화면을 집중해서 바라보았고, 일정한 도형이 모니터에 나타나면 재빨리 손잡이를 당겨서 주스를 마셨다. 원숭이가 주스를 마시는 데 익숙해지자 연구팀은 모니터에 도형이 나타나서 손잡이를 당겨도 주스가 쏟아지지 않도록 장치를 바꿨다.

그래프에 나타난 실험 결과에 의하면 원숭이는 손잡이를 당겼을 때, 주스를 마실 수 있다는 기대감에 의해서 행복을 느끼는 것으로 나타났다. 하지만 막상 주스가 나왔을 때는 별다른 행복을 느끼지 않았다. 기계장치를 바꾸고 난 뒤에도 원숭이는 손잡이를 당겼을 때 행복을 느꼈다. 그러나 당연히 나와야 할 주스가 나오지 않자 오히려 불행을 느끼기 시작했다.

볼프람 슐츠의 실험을 통해서 우리는 행복이 찾아오는 시기를 유추해 볼 수 있다. 행복은 무엇을 이루었을 때가 아니라 무언가를 이룰 수 있을 거라는 기대감에 차 있을 때 찾아오고, 불행은 기대가 크면 실망도 크다는 말처럼 '당연한 기대'가 무산되었을 때 찾아오는 것임을 짐작해 볼 수 있다.

행복해지고 싶은가? 그렇다면 지금 당장 행복한 꿈을 꿔라!

CHAPTER 4

마음의
통로 만들기

좋은 일을 생각하면 좋은 일이 생긴다. 나쁜 일을 생각하면 나쁜 일이 생긴다.
여러분은 여러분이 생각하고 있는 것, 바로 그것이다.

-조셉 머피

당신 스스로가 하지 않으면 아무도 당신의 운명을 개선해 주지 않을 것이다.

-B. 브레히트

눈맞춤으로
마음의 다리 놓기

눈은 세상을 보는 신체의 중요 기관이지만 마음이 오고 가는 통로이기도 하다. 눈을 '마음의 창'이라고 하는 까닭은 눈동자 속에 그 사람의 생각이 감춰져 있기 때문이다.

인류는 오랜 세월, 언제 적의 기습을 받을지 모르는 불확실한 세계에서 살아왔다. 낯선 사람이 나타나면 그의 정체를 파악하는 게 급선무였다. 일정한 거리를 유지한 뒤, 나에게 적개심을 품고 있는지 호감을 품고 있는지를 알아보기 위해서 눈과 표정을 살폈다. 비록 얼굴에는 미소를 머금고 있다고 해도 눈빛이 매섭다면 경계했고, 웃는 얼굴에 눈빛까지 부드럽다면 경계심을 풀고 다가갔다.

적과의 눈맞춤은 오래 지속되지 않는다. 어느 한쪽에서 시선을 돌리게 마련이다. 오래 지속된다면 그것은 곧 싸움을 의미한다. 눈을 오랫동안 맞출 수 있다는 것은 곧 호감을 갖고 있음을 의미한다. 만약 낯선 남녀가 오랫동안 눈을 마주보고 있다면 두 사람은 싸울 확률보다는 사랑에 빠질 확률이 높다.

1989년 미국의 심리학자인 캘러먼과 루이스는 흥미로운 실험을 했다. 서로 모르는 48명의 남녀 실험자를 두 그룹으로 나눈 뒤 한 그룹에는 별다른 지시를 내리지 않았고, 다른 그룹에는 2분 동안 서로의 눈을 쳐다보도록 했다. 실험 결과 서로의 눈을 쳐다본 그룹에서는 서로에 대한 호감도가 상승한 것으로 나타났다.

눈은 마음이 오가는 다리와 같다. 서로의 눈을 보고 있으면 신경전달물질인 아드레날린이 솟구쳐서 심장 박동이 빨라지고, 사랑의 호르몬이라 불리는 페닐에틸아민의 분비로 이성이 점점 마비되면서 행복감에 젖어든다. '눈맞춤'에 대해서 이미 수많은 심리학적 실험이 이루어졌고, 남녀 간에는 눈을 오랫동안 맞추는 것만으로도 호감도가 상승한다는 연구 결과가 속속 나왔다. 그러나 눈맞춤이 항상 유효한 것은 아니다. 지극히 사적인 이야기, 과거의 잘못이나 실수 같은 불편한 이야기를 고백할 때 계속 눈을 맞추고 있으면 말하는 사람이 몹시 불편해 한다. 그럴 때는 슬쩍 시선을 돌려주어야 편하게 이야기를 할 수 있다.

서구인들은 눈맞춤에 익숙하다. 일단 눈을 맞춘 뒤 이야기를 시작한다. 반면 동양인들은 눈맞춤 자체를 불편하게 여기는 사람이 많다. 눈맞춤을 '싸움의 시작'이나 '도전' 내지는 '도발'로 오해하는 사람들이 많기 때문이다.

눈맞춤은 마음이 오갈 수 있는 다리를 놓는 일이다. 상대방의 마음을 훔치고 싶다면 주저하지 말고 눈을 맞춰라. 대화 도중 계속 눈을 맞추고 있기가 곤란하다면 잠시 시선을 얼굴의 다른 부위로 돌려도 무방하다. 인중이나 입술도 좋고, 콧등이나 이마도 좋다. 그러나 이내 다시 시선을 눈동자로 돌려야 한다. 비록 남녀 사이가 아닐지라도 자주 오래 눈을 맞출수록 마음이 가까워진다.

눈맞춤은 개인의 기분과 깊은 연관이 있다. 영국의 앵글리아 러스킨대학의 피터 힐스 교수는 사람의 기분과 시선의 상관관계에 대해서 연구했다. 실험 참가자를 두 그룹으로 나눈 뒤 한 그룹에는 기분을 우울하게 만드는 음악을, 다른 그룹에는 기분을 유쾌하게 하는 음악을 들어줬다. 그런 다음 음악을 들은 참가자들의 행동을 관찰했다. 행복한 음악을 듣고 기분이 좋아진 사람들은 서로의 눈을 자연스럽게 쳐다보는 반면, 우울한 음악을 듣고 기분이 처진 사람들은 상대의 눈을 잘 쳐다보지 못하는 것으로 드러났다.

피터 힐스 교수는 "상대방의 시선을 피함으로써 기분이 더욱 우울해지는 악순환이 생긴다. 시선을 피한다는 것은 소통할 생각이 없음을 드러내는 것으로서, 이로 인해서 고립감은 오히려 더 커진다."고

했다. 상대방의 시선을 피하는 것이 잠시 걱정을 더는 데는 도움이 될지 몰라도 우울한 기분 자체를 없애는 데는 아무런 도움도 되지 않는다는 것이다.

기분이 우울할수록 적극적인 마인드를 가지고 상대방의 눈을 쳐다볼 필요가 있다. 눈맞춤만으로도 마음의 위안을 얻을 수 있다. 서양 속담 중에는 "눈이 입보다 설득력이 있다."는 말이 있다. 입은 내 귀에 쏙 드는 말을 할 때만 설득력이 있지만 눈은 나의 상상력을 자극해서 바라보는 것만으로 무수히 많은 이야기를 하기 때문이다.

대화의 달인이 되려면 눈맞춤은 필수다. 맞선 볼 때뿐만 아니라 면접을 볼 때도 면접관들과 자주 눈을 맞추는 게 좋다. 눈맞춤은 자신감이 있어 보일 뿐만 아니라 매력을 느끼게 해서, 호감도를 상승시킨다.

인간은 시각·청각·후각·미각·촉각이라 불리는 오감을 갖고 있다. 오감으로 바깥 정보를 받아들이는데 그중 시각이 70~80%를 차지한다.

바깥 세계의 정보는 수정체를 통해서 양쪽 망막에 비춰지고, 전기 신호로 바뀐 뒤 시신경으로 보내진다. 뇌 속에는 시상하부 아래 시신경 교차 지점이 있는데, 오른쪽 눈에 비친 정보는 왼쪽 뇌로, 왼쪽 뇌에 비친 정보는 오른쪽 뇌로 전달된다. 시각 정보를 1차적으로 처리하는 곳은 후두엽인데 여기서 다시 두정엽과 측두엽으로 정보를 나누어서 전달한다.

두정엽으로 가는 경로에서는 물체에 대한 시각 정보와 그에 대한 눈의 움직임이나 몸의 움직임에 관한 정보를 처리한다. 측두엽으로 가는 경로에서는 물체의 색과 형태를 기존 영상과 비교 판단하며 장기 저장에 관여한다. 이러한 일련의 작업이 끝나면 비로소 뇌 속에서 구체적인 이미지가 만들어지고, 뇌는 그것이 무엇이며 어떻게 대처할 것인지를 판단하고 결정한다.

헬렌 켈러는 "우리의 모든 감각기관 가운데 가장 큰 기쁨을 주는 것은 단연코 시력이다."라고 했다. 뇌는 자신이 갖고 있는 것의 고마움을 모른다. 잃어버리고 난 뒤에 뒤늦게 소중함과 고마움을 깨닫는, '뒷북치기'의 달인이 바로 뇌다. 뇌가 뒤늦게 후회할 때는 너무 늦어버린 경우도 적잖다.

가끔씩은 컴퓨터나 휴대폰 등을 장시간 들여다보면서 기쁨을 주는 눈을 혹사하고 있는 것은 아닐지 돌아봐야 한다.

상대방의 마음속에
나를 각인시켜라

뇌는 지원군을 원한다. 누군가 나를 인정해 주고, 내 편이 되어 주기를 원한다. 그래서 칭찬을 들으면 귀가 솔깃하다. 누군가 나를 칭찬한다는 것은 최소한 내 편이 한 명 늘어났음을 의미한다.

뇌는 지원군을 원하면서도 먼저 다른 사람의 지원군이 되려고 하지는 않는다. 업무를 처리하는 데도 우선순위가 있는데, 뇌에게 있어서 제1순위는 바로 나다. 내 할 일도 태산 같은데 타인에게 신경 쓰는 건 번거롭기 때문이다. 그래서 누가 내 편이 되어 주면 그 사람을 잊지 못하고 마음속에 깊이 각인된다. 일단 마음속에 새겨지게 되면 그 사람을 생각하게 되고, 그 사람의 말에 귀를 기울이게 된다. 마음을 훔치고 싶다면 칭찬을 아끼지 마라.

칭찬에 인색한 사람들은 대개 두 부류다. 하나는 기대 수준이 높아서 어지간한 일에도 만족을 못하는 부류다. 자식이 90점을 받아와도 당연시하거나 100점을 받지 못한 걸 아쉬워하고, 부하 직원이 밤새 문서를 작성해서 올려도 자신의 과거를 생각하며 그 정도 노력쯤은 당연시한다.

다른 하나는 행여 칭찬이 자만심을 키우고, 노력을 게을리할까 봐 걱정하는 부류다. 칭찬이 자신감을 키워 주는 것은 사실이다. 그러나 칭찬을 듣는다고 해서 자만심에 빠져 노력을 게을리하지는 않는다. 오히려 칭찬을 들으면 뇌는 기대에 부응하고 싶어 한다. 평상시보다 사고력, 판단력이 활성화되고 실행력과 함께 문제 해결 능력이 증진한다.

칭찬을 아끼다 보면 조언이랍시고 비판 내지 충고를 하게 된다. 칭찬을 받을 줄 알았는데 비판이나 충고를 받게 되면 뇌는 실망하고 제 기능을 제대로 못한다.

뇌는 정보를 그대로 받아들이기보다는 실제보다 확대 해석하는 경향이 있다. 누군가 자신을 비판하거나 비방하면 실제보다 심각한 위험으로 받아들인다. 나를 비방한 사람은 일단 적으로 간주해 놓는다. 그 뒤로는 그가 무슨 말을 하더라도 긴장한 상태에서 귀를 쫑긋 세운다. 나에게 말을 할 때는 물론이고 다른 사람에게 말을 할 때도 긴장을 늦추지 않는다. 나에 대해 또 다른 비방을 할까 걱정되기 때문이다.

반면 나를 칭찬한 사람은 아군으로 간주한다. 그는 좋은 사람이기 때문에 말을 백팔십도 바꾸지 않는 한 전적으로 신뢰한다. 일단 좋은 사람이라는 이미지가 각인되어 있기 때문에 얼굴만 봐도 절로 미소가 지어진다.

말의 설득력을 높이고 싶다면 상대방을 있는 그대로 인정할 수 있는 말을 해야 한다. 상대방을 비방하거나 사회적 위치를 깎아내리는 말을 한 경우, 뇌는 그 사람이 옳은 말을 해도 나에게 불리한 결과를 낳을까 봐 일단 부정부터 하고 본다. 설득하고 싶다면 일단 상대방에게 같은 편이라는 인식부터 심어 줘야 한다. 상대방의 마음속에 각인되어야만 설득이 수월하다.

인터넷과 SNS가 대중화되면서 요즘에는 온라인을 통해서 인맥을 넓혀 나가는 추세다. 대인 관계의 폭은 예전과 비교할 수 없을 정도로 넓어졌지만 진정한 내 편이라고 할 수 있는 사람은 많지 않다. 지금은 아군이지만 언제라도 적으로 돌아설 수 있는, 마음속에 각인되지 않은 관계라는 걸 뇌는 알고 있다. 페이스북을 처음 만들 때 '싫어요'는 아예 만들지 않고, '좋아요'에만 클릭할 수 있게 만든 까닭은 뇌가 이런 말을 듣고 싶어 하기 때문이다.

"나는 언제나 당신 편이야!"

"난 당신이 반드시 해낼 줄 알았어. 난 당신을 믿어!"

"괜찮아, 괜찮아! 사람이 살다 보면 실수할 수도 있는 기야. 다시 일어서면 돼."

칭찬과 격려는 신경전달물질인 도파민을 분비시켜서 정서적으로 안정감을 주며, 뇌가 기능을 제대로 발휘할 수 있도록 도와준다. 그래서 칭찬이나 격려는 일회성보다는 꾸준할수록 좋다. 뇌는 단순 명료한 것을 좋아하며, 불확실한 것을 싫어한다. 설명할 수 없는 현상이라도 나름대로 규칙을 세우고 자신을 설득하려는 경향이 있다.

좋은 의도라 하더라도 칭찬과 꾸중을 반복하면 뇌는 상대방을 아군으로 분류할 것인지, 적군으로 분류할 것인지 헷갈려 한다. 시간이 지나면서 어느 한쪽으로 분류하는데, 적군으로 분류되면 결국 좋은 의도였다고 할지라도 점점 사이가 멀어지게 된다.

비록 얼굴 한 번 본 적 없는 사이라 하더라도 꾸준히 '좋아요'를 누르고, 댓글을 달다 보면 호감도가 상승하게 마련이다. 그러다 오프라인에서 만났는데 상상했던 이미지와 어느 정도 일치한다면, 그가 하는 말에 쉽게 넘어간다. 이미 그는 아군이라고 마음속에 각인되어 있기 때문이다.

나의 뜻을 제대로 전달하고 싶다면 꾸짖고 비방부터 해서는 안 된다. 먼저 마음의 통로부터 만들어야 한다. 나는 항상 당신 편이라는 사실을 충분히 각인시킨 다음에 조언이든 충고든 해야지만 효과적이다.

거위나 기러기 같은 새들이 태어나서 처음 만나게 되는 움직이는 물체를 어미로 인식하는 현상을 심리학에서는 '각인Imprinting'이라고 한다. 도장을 새기듯이 뇌에 또렷하게 남아 있는 기억을 의미한다. 어미와의 애착관계를 형성해서 생존율을 높이기 위한 하나의 방법으로, 부화 직후 곧바로 걸어 다니면서 먹이를 찾아먹는 조숙류의 새들에게서 흔히 일어나는 현상이다.

각인에 대한 연구는 그전에도 있었지만 '각인이론'을 세운 사람은 오스트리아 태생의 콘라트 로렌츠다. 로렌츠는 갓 부화한 회색기러기를 잠시 관찰하다가 어미 거위에게 내려놓았는데 회색 기러기는 어미에게서 떨어졌을 때나 내는 불안한 소리를 냈다. 로렌츠가 멀어지자 몹시 불안해했는데 기러기는 로렌츠를 어미라고 각인한 것이다.

인간의 첫인상이나 마지막 인상도 뇌에 각인된다. 한번 각인되면 그 이미지를 바꾸기가 쉽지 않다. 이미지를 바꾸려면 자기과시나 아부 등을 통해서 단기적으로 바꿀 수도 있지만 대개는 일관된 말과 행동으로 오랜 세월에 길쳐서 신뢰를 쌓아야만 가능하다.

따라서 상대방에게 좋은 이미지를 각인시키는 가장 효과적인 방법은 '첫 만남'이다. 상대방의 취향과 심리를 알아낸 뒤 전략적으로 접근하면 좋은 이미지를 각인시킬 수 있다.

마음을 여는
보이지 않는 손

오래 사귄 사이도 아닌데 만나면 왠지 편안한 사람이 있다. 대개는 모난 데가 없는 무난한 성격 때문일 거라고 생각하지만, 실제로는 타인에 대한 배려가 몸에 배어 있는 사람인 경우가 많다. 배려심이 깊은 사람은 시간 약속부터 잘 지킨다. 약속 장소에 먼저 와 있는 경우가 많고 상대방이 늦더라도 이해하려고 노력한다. 대화할 때는 자신이 말하려고 욕심내기보다는 상대방의 이야기에 진지하게 귀를 기울여 준다. 일반적인 대화는 물론이고 농담할 때도 상대방이 상처 입지 않도록 조심하고, 함께 있는 동안 세심한 부분까지 일일이 챙겨 준다. 특별히 기억에 남을 만한 대화를 나눈 것도 아닌데 유쾌하고 즐거워서, 며칠 지나면 다시 그 사람이 생각나고 만나고 싶어진다. 이런 만남이 몇 차례 이어지다 보면 마음이 저절로 열린다. 눈에 보이지 않는 배려가 마음의 문을 스르르 열었기 때문이다.

모든 동물의 뇌는 생존이 최우선이기 때문에 '나 위주'로 세팅되어 있다. 인간의 뇌 역시 복잡하기는 하지만 이기적인 측면에서 본다면 별반 다르지 않다. 그러나 인간의 뇌는 다른 동물과 달리 이타적인 행동을 할 때도 쾌감을 느낀다. 이타적인 행동을 하면 보상 중추 중 복측 피개영역이 활성화된다. 이 부위는 성관계를 하거나 마약을 복용했을 때 활성화되는 쾌락 중추다. 즉, 타인에게 도움을 주는 행위 자체가 성관계나 마약을 할 때와 흡사한 즐거움을 안겨 준다.

이타적인 행동은 조직과 사회를 이롭게 한다. 따라서 당사자는 쾌감을 느끼고, 지켜보는 사람은 마음이 흔들린다. 심리학자들의 실험 결과에 의하면 이타적 행위를 하면 이미지가 긍정적으로 바뀌어서, 그 사람을 도울 기회가 생기면 다른 사람들이 기꺼이 도움을 주는 것으로 나타났다. 다른 사람을 배려할 때 뇌에서는 시상하부에서 생성되어 뇌하수체 후엽에 저장되어 있던 호르몬인 바소프레신이 분비된다. 바소프레신은 세뇨관에서 수분을 재흡수하여 오줌의 양을 감소시키는 역할을 하기도 하지만, 사회적 유대감을 형성시켜서 편안하고 안정된 심리 상태에서 사회생활을 영위할 수 있도록 한다. 자신을 희생하고 타인을 배려하는 행위는 나에게는 기쁨이 되고, 상대방의 마음을 흔들기 때문에 소통하고 싶다면 상대방을 충분히 배려할 필요가 있다.

대화할 때는 다음의 다섯 가지를 배려해야 한다.

첫째, 대화 내용을 배려하기 | 내가 좋아하는 내용보다는 상대방의 연령과 직업, 취미 등을 고려해서 상대방이 좋아하는 대화 주제를 선택한다.

둘째, 맞장구 쳐주기 | 아무리 재미있는 내용도 호응이 없으면 시들해진다. 맞장구는 상대에 대한 인정임과 동시에 존중이다.

셋째, 전문용어 남발하지 않기 | 대화할 때는 상대방이 알아듣기 쉽도록 정확히 발음하고, 전문용어나 어려운 용어는 동종 업종 종사자가 아니면 남발하지 않도록 유의한다.

넷째, 질문하기 | 적절한 질문은 상대방으로 하여금 하고 싶은 이야기를 충분히 할 수 있도록 유도해 낼 수 있다.

다섯째, 공감하기 | 대화 도중 경청하는 척하면서 고개를 끄덕이며 다른 생각을 하고 있으면, 공감대가 형성되지 않기 때문에 본능적으로 느끼게 마련이다. 상대방의 이야기에 충분히 공감할 때 비로소 귀중한 시간을 내준 데 대해 감사의 마음을 갖는다.

고대 그리스 시인이자 희극 작가였던 메난드로스는 "마음을 자극하는 단 하나의 사랑의 명약은 바로 진심에서 오는 배려다."라고 했다.

시대와 공간을 초월해서 배려는 마음을 흔들기 마련이다. 상대방의 마음을 훔치고 싶다면 먼저 배려하는 습관부터 길러야 한다.

2012년 교토대학 연구진은 실험을 통해 침팬지도 인간처럼 다른 동료의 입장을 이해하고 도울 수 있다는 흥미로운 연구 결과를 미국립 과학원회보PNAS에 발표했다.

연구진은 침팬지 5마리에게 막대기와 빨대, 호스, 사슬, 밧줄, 솔 등 7가지의 도구를 제시했다. 침팬지들은 다른 침팬지가 보상을 얻기 위해 과제를 수행하려 애쓰는 것을 보고 과제 해결에 필요한 도구를 줄 수 있는 위치에 있었다. 실험에 동원된 침팬지들은 모두 모자 관계였으며 도움을 주고받을 위치에 자리하고 있었다.

하나의 과제는 손이 닿지 않는 곳에 있는 주스 병을 꺼내기 위해서 막대기가 필요했고, 또 다른 과제는 구멍을 통해 주스를 마실 수 있는 빨대가 필요했다. 실험 결과 막대기나 빨대를 제공한 경우가 80~100%에 달했는데, 이는 침팬지들이 상대방에게 필요한 것이 무엇인지 이해했음을 의미했다.

연구진은 "침팬지도 사람과 마찬가지로 자신에게 직접적인 이익이 돌아오지 않아도 남을 도우며, 이들의 도움은 상대의 필요에 부응한 것."이라고 말했다.

그러나 한 가지 흥미로운 점은 실험에서 도움을 주는 침팬지는 계속 돕기만 했고, 도움을 받은 침팬지는 모든 주스를 독차지할 뿐 나눠 먹지는 않는다는 점이었다. 연구진은 이에 대해서 "침팬지 사회에는 그들만의 규칙이 있다."면서 실험이 끝난 뒤에도 도움을 준 쪽과 받은 쪽이 갈등 없이 사이좋게 지냈다고 밝혔다.

그동안 오랜 세월 학계를 지배해 왔던, 인간만이 오로지 상대방의 의도를 이해하고 공유할 수 있다는 '마음이론Theory of mind'은 이로써 틀린 것으로 나타났다. 무리를 이루고 사는 동물들의 이타적인 행동은 오랜 세월을 거치면서 유전자 속에 본능처럼 새겨진 건지도 모른다. 이타적인 유전자는 사라지고 이기적인 유전자만 살아남았다면 '사회'나 '무리'도 이미 깨어지지 않았을까?

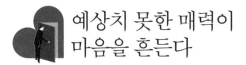

예상치 못한 매력이 마음을 흔든다

사랑에 빠지는 것은 한순간이다. K는 초등학교 3학년 때 만나서 17년을 허물없이 지내던 고향 친구와 결혼했다. 그가 사랑에 빠진 건 송년회에서였다. 그녀는 모처럼 송년회에 참석했고, 장기자랑 시간에 클라리넷으로 가곡을 연주했다. 선머슴 같던 평상시의 모습과는 다른 차분한 그녀의 모습에 매력을 느꼈고, 얼마 뒤 정식으로 청혼했다.

인간은 매력적인 사람에게 끌린다. 진화심리학에서는 인간의 매력을 생존 능력과 번식 능력에서 찾는다. 본능적으로 생존력이 뛰어나거나 우월한 유전자를 지닌 인간에게 매력을 느낀다는 것이다. 예를 들어 권력을 쥐고 있거나 재산이 많으면 생존하는 데 유리하고, 용모가 빼어나거나 머리가 비상하거나 건강한 몸을 지니고 있으면 나의 유전자와 결합해서 좋은 유전자를 지닌 후손을 얻을 수 있다.

하지만 시대가 변하면서 매력에 대한 시각도 변했다. 물론 권력가나 자산가는 여전히 매력적이다. 그러나 봉건주의 시대에 비하면 그 가치가 많이 떨어졌다. 평등사상이 일반화되고 대중의 힘이 부상하면서 권력이나 재산 등이 생존에 미치는 영향은 과거에 비해서 그리 크지 않다. 또한 대가족 시대에서 핵가족 시대로 바뀌고, 독신자도 늘어나면서 2세에 대한 생각도 많이 달라졌다. 결혼관도 바뀌었고, 종종 번식에 최대의 의미를 두었던 섹스는 쾌락의 수단으로 전락했다. 그러다 보니 보편적 가치보다는 개인적 가치에 의해서 매력을 느끼는 사람들이 점점 늘어나고 있다. 매력은 용모나 좋은 머리처럼 타고나기도 하지만 후천적으로 발전시켜 나가기도 한다. 틈틈이 익혀 놓은 사소한 능력도 보는 이의 관점에 따라서는 매력적으로 다가오기도 한다. K를 클라리넷 연주에 반하게 한 그녀도 그런 케이스다.

유니버시티 칼리지 런던의 인지신경학부에서는 매력을 느끼는 상대의 사진을 보고 있는 실험자의 뇌를 MRI로 스캔해 보았다. 그 결과 판단을 내리는 전두엽 피질의 움직임이 약화되었고, 판단을 내리고 두려움을 제어하는 부분, 부정적인 감정과 관련된 부분이 비활성화되는 것으로 나타났다.

사랑에 빠지게 되면 도파민, 옥시토신, 테스토스테론, 노르에피네프린, 면역유전자, 페로몬 등의 화학물질로 인해서 몸에 변화가 일어난다. 특히 코카인과 유사한 오피오이드계 약물을 복용하는 것과 같은 신경전달물질인 도파민이 과다하게 분비되는데 이로 인해서 판단력이 떨어지고, 두려움이 없어지며 부정적인 감정이 사라진다. 한마디로 눈에 콩깍지가 씌게 되는 것이다.

매력을 느끼게 될 때 인체는 사랑에 빠진 것처럼 여러 가지 신경전달 물질이 분비되고, 심장 박동 수도 빨라지며 흥분으로 인해서 마음의 문이 스르르 열린다. 누군가의 마음을 훔치고 싶다면 자신의 감춰진 매력을 한껏 발산해 볼 필요가 있다.

인간의 뇌는 공과 사를 명확히 구분해서 처리할 정도로 정확하지 않다. 추진하는 일과는 아무런 관계가 없는데도 개인적으로 매력을 느끼게 되면 추진하는 일에 좋은 쪽으로 영향을 주게 되어 있다. 한 가지에 푹 빠지면 그 사람이 지닌 다른 부분도 매력적으로 보이기 때문이다.

그렇다고 해서 모든 면에서 완벽하게 보이기 위해 애쓸 필요는 없다. 미국 캘리포니아 대학의 심리학자인 엘리엇 애론슨은 실수가 사람의 호감도에 어떤 영향을 미치는지에 대한 실험을 했다. 그 결과 퀴즈 문제도 잘 풀고 대담 중에 실수도 하지 않는 사람보다, 퀴즈 문제도 많이 틀리고 대담 중에 옷에 커피를 쏟는 등의 실수도 하고 자신의 실수담을 고백한 사람에게 더 호감을 느끼는 것으로 드러났다. 애론슨 교수는 개인적으로 실수를 저지르고 허점을 고백함으로써 매력을 얻게 되는 효과를 '실수 효과Pratfall effect'라 이름 지었다.

인간은 완벽한 사람보다는 빈틈 있는 사람을 좋아한다. 코미디언 중에서도 유독 바보 캐릭터가 만인의 사랑을 받는 이유도 바로 그 때문이다. 만약 주변에서 똑똑하다는 평을 듣고 있고, 나이에 비해서 출세가 빠른 편이고 완벽주의자라면, 완벽하려고 애쓰기보다는 실수를 하거나 허점을 고백하라. 그 편이 당신을 더 매력적으로 느껴지게 할 것이다.

토마스 만은 "죽음보다 더 강한 것은 이성이 아니라 사랑이다."라고 했다. 사랑에 빠졌을 때 뇌에서는 무슨 일이 일어나기에 죽음보다 더 강하다고 한 것일까?

KBS에서 〈생로병사의 비밀〉 100회 특집으로 다큐멘터리 3부작 '사랑'이라는 흥미로운 영상물을 제작했다. 제작팀은 가톨릭의대 정신과 채정호 교수팀과 함께 연애를 시작한 지 100일 전후의 20대 초반 남녀 5쌍의 뇌를 fMRI^{기능성자기공명영상장치}로 촬영했다. 그들에게 연인 사진과 친구인 이성 사진을 차례로 보여주었는데, 연인의 사진을 볼 때만 대뇌 깊숙한 곳에서 본능을 관장하는 '미상핵'이 활성화됐다.

인간의 뇌는 중심부^{기저}에 갈수록 본능과 연관되어 있으며, 바깥 부위^{피질}로 갈수록 이성적 판단과 연관되어 있다. 본능의 중추로 알려진 미상핵은 6천 5백만 년에 진화된 원시적인 뇌 부위다. 미상핵에서는 흥분과 쾌감을 일으키는 신경전달물질인 도파민의 분비가 이루어진다.

'사랑' 제작진들이 연인들의 뇌를 촬영한 지 6개월이 지나자 미상핵은 전혀 반응하지 않았고, 대신 6개월 전엔 미미했던 대뇌 피질이 눈에 띄게 활성화되어 있었다. 대뇌 피질은 이성적 판단을 관장하는 부위이다. 사랑에 빠진 연인들의 관계가 6개월 사이 감정적에서 이성적으로 변했음을 짐작해 볼 수 있다. 키스할 때의 심장 박동 수에도 변화가 일어났다. 100일 전후의 열정적인 상태에서 키스를 할 때는 1분에 1백 회 이상 뛰었지만 연애 기간이 6개월이 지나고 300일 전후가 됐을 때는 심장 박동 수가 절반 가까이 줄어들었다.

미국 코넬대학의 신시아 하잔 교수는 사랑에 빠진 5천여 명을 대상으로 조사한 결과, 연애를 시작한 지 300일 전후로 열정의 강도가 급격히 약해졌으며, 열정의 감정이 지속되는 기간을 평균 900일 정도로 보았다. 즉, 사랑의 유효 기간은 900일 정도라는 것이다. 이에 대해서 가톨릭의대 채정호 교수는 "시간이 흐르면 열정이 줄 뿐 사랑이 식는 것은 아니다. 많은 연인들이 열정을 사랑으로 착각하는데 열정은 사랑의 일부분일 뿐"이라고 말한다.

웃는 얼굴에
끌린다

웃음은 재채기처럼 전염된다. 한 사람이 웃으면 맞은편의 사람도 웃는다. 아기를 보고 웃으면 아기도 방긋 웃는다. 이렇게 따라 웃는 이유는 미러 뉴런Mirror neuron, 거울신경세포 때문이다.

1990년 초에 이탈리아의 생리학자 지아코모 리촐라티는 짧은꼬리 원숭이의 뇌에 전극을 꽂고 운동과 관련된 뇌 기능을 연구하고 있었다. 원숭이가 땅콩을 집었을 때 활성화됐던 신경세포가 연구원이 우연히 손으로 땅콩을 집었을 때도 활성화되었다. 원숭이가 직접 행동하지 않고, 원숭이나 다른 사람이 행동하는 걸 바라보기만 해도 신경세포가 반응을 하자 라촐라티는 이 세포를 '미러 뉴런'이라고 이름하였다.

미러 뉴런은 운동과 관련된 행동뿐만 아니라 감정이나 느낌과도 연관이 있다. 연구팀은 원숭이에게 잠깐 동안 땅콩을 보여 주고 나서, 원숭이와 땅콩 사이에 칸막이를 세웠다. 연구원에게 칸막이 뒤쪽의 땅콩을 집게 하자, 팔이 칸막이 뒤로 사라지는 장면만 봤을 뿐인데도 원숭이의 신경세포가 활성화되었다. 일부분만 보고도 칸막이 뒤에서 일어난 행동 전체를 짐작해낸 것이다.

영화를 보고 있는데 자전거가 쓰러져 있고, 한 여인이 도로에서 아이를 끌어안고 울고 있으면 아이가 자전거를 타다 차에 치였음을 쉽게 짐작할 수 있다. 특히 여성일 경우 아이를 잃은 여인의 심정에 공감하며 자신도 모르는 사이에 눈물이 주르륵 흐른다. 인간이 타인이 처한 상황을 짐작하고 어렵잖게 공감할 수 있는 능력도 미러 뉴런 때문이다.

인간의 뇌는 가짜 웃음과 진짜 웃음을 구분하지 못한다. 미러 뉴런의 작동으로 인해 웃는 그림만 봐도 똑같이 따라 웃는다. 내가 기분이 우울했는데 맞은편에 앉은 사람이 웃으면 나의 뇌는 함께 웃는다. 그 순간, 엔도르핀, 도파민, 세로토닌과 같은 신경전달물질이 분비되면서 우울했던 기분이 사라지고 즐거움이 샘솟는다.

웃는 얼굴은 사람의 마음을 끌어당긴다. 매력적으로 보이고 싶다면 수시로 미소를 지을 필요가 있다. 미소를 지으며 눈맞춤을 하고, 수시로 웃음을 터뜨린다면 만남 자체가 즐거워진다. 특히 여성이 남성을 만날 때 이 전략은 대단한 힘을 발휘한다. 최근의 연구 결과에 의하면 남성은 자존심 강하고 도도해 보이는 여성보다는 행복하게 웃는 여성에게 호감을 느낀다고 한다.

웃음은 면역력을 높여 주고 스트레스를 줄여 준다. 미국 캔자스대학의 타라 크라프트와 사라 프레스만 교수팀은 '웃는 얼굴'이 스트레스로부터 회복하는 데 어떠한 영향을 미치는지를 실험했다.

대학생 169명을 5개 그룹으로 나눠서 각 그룹마다 무표정한 얼굴, 입가만 웃는 얼굴, 눈까지 웃는 얼굴 등 5가지 표정을 짓도록 한 뒤, 스트레스를 주고 심박측정기로 심장 박동 수를 측정했다. 자주 쓰지 않는 손으로 별 모양을 정확히 따라 그리도록 하고, 1분간 얼음물에 손 담그기를 실시했다. 측정 결과 눈까지 웃는 표정을 지은 그룹이 같은 스트레스 환경에서 스트레스 지수가 가장 낮았고, 심장 박동 수도 적었다.

이런 현상이 일어나는 까닭은 억지로라도 웃게 되면 얼굴의 근육들이 움직여 뇌에 신호를 보내게 되고, 뇌는 즐거운 일이 있는 것으로 생각해서 엔도르핀을 분비해 내기 때문이다. 따라서 웃음은 나의 스트레스를 줄여 줄 뿐만 아니라 상대방의 스트레스도 줄여 준다. 그렇다면 웃음은 어떻게 웃는 게 가장 좋을까?

미소보다는 소리 내서 웃는 게 좋고, 이왕 소리 내서 웃을 바에는 하이 톤으로 웃는 게 좋다. 최근의 연구 결과에 의하면 여성이 내는 하이 톤의 웃음소리에 남녀 모두 가장 호감을 느끼는 것으로 나타났다. 대인 관계에서 웃는 사람이 매력적으로 보이는 또 다른 이유는 웃음은 승리하거나 성공한 사람들의 전유물이기 때문이다. 사회생활을 잘 해내고 있다는 증거로써, 웃는 사람은 근심 걱정이 없어 보이고, 자신감이 넘쳐 보이며 행복해 보인다.

웃을 기분이 아닐지라도 억지로라도 자주 웃을 필요가 있다. 웃다 보면 부정적인 생각이 사라지고 기분이 바뀌면서 긍정적인 생각이 샘솟는다. 나에게서 뿜어져 나온 밝은 기운은 주변을 밝게 하고, 상대방의 마음도 밝게 해서 닫혔던 마음을 열게 한다.

미국의 시인인 엘라 휠러 윌콕스는 "인생이 노래처럼 잘 흘러갈 때, 명랑한 사람이 되기는 매우 쉽다. 그러나 정말 훌륭한 사람은 모든 것들이 잘 안 흘러갈 때에 웃는 사람이다."라고 말했다.

인상을 찡그리고 있을수록 인생의 매듭은 꼬여만 간다. 사람들의 마음을 얻고, 성공적인 인생을 살고 싶다면 억지로라도 소리 내서 웃어야 한다. 인생이 잘 흘러갈 때는 물론이고, 뜻대로 흘러가지 않을 때에도!

영국의 철학자인 버트런드 러셀은 '웃음은 만병통치약'이라고 했다. 웃음이 그만큼 좋다는 상징적인 의미인데, 뇌 과학의 발달로 인해서 러셀의 말이 결코 과장이 아님이 속속 드러나고 있다.

웃음은 뇌의 한 부위에서 유발되지 않는다. 웃음은 감정과 연관이 있으므로 변연계에서 생성되지만 보고, 듣고 그 내용을 분석해서 반응해야 하므로 논리와 수리를 처리하는 좌뇌, 직관과 감각을 처리하는 우뇌가 동시에 작동해야만 가능하다. 따라서 웃음은 뇌의 총체적인 활동이라 할 수 있다.

'웃는 얼굴에 침 못 뱉는다.'는 속담도 있듯이 진화적인 관점에서 본다면 웃음은 생존과 깊은 연관이 있다. 낯선 사람을 만났을 때 악의를 갖고 있지 않다는 것을 알리기 위해서 의도적으로 짓는 웃음은 가장 효과적인 소통 방법이다. 긴장된 상황에서의 웃음은 경직된 분위기를 바꿔 줌과 동시에 육체적 · 정신적 스트레스를 풀어준다. 또한 심장 박동 수를 증가시켜 유산소운동을 하는 것과 같은 효과를 나타내 심장병이나 뇌혈관 질환을 예방하며 인체의 면역력을 높여 준다.

몸이 무겁고 매사에 의욕이 떨어진다면 억지로라도 소리 내서 웃어라. 아침, 점심, 저녁으로 3분씩 3차례만 웃어도 몸과 마음이 깃털처럼 가벼워진다.

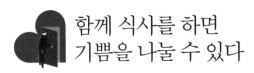

함께 식사를 하면
기쁨을 나눌 수 있다

"언제 우리 식사 한번 같이 해요."라는 말이, 포털 사이트에서 설문 조사를 한 결과 직장인들이 가장 많이 하는 거짓말 1위를 차지했다. 사실 이 말은 절친한 사이일 경우에도 자주 하지만 어색한 사이여도 그 어색함을 메워 보기 위해서 툭 던지곤 하는 말이다. '밥 한번 같이 먹자.'는 말이 거짓말 1위를 차지했다는 것은 대인 관계에서 '함께 밥 먹는다'는 행위의 중요성은 알고 있지만 정작 실천은 못하고 있음을 의미한다. 그러다 보니 빈말에 그치고 마는 것이다.

식사를 함께 한다는 것은 가까워지기 위한 좋은 수단이다. 인류는 오랜 세월 함께 사냥을 한 뒤 함께 둘러앉아 식사를 해 왔다. 지금도 뜻을 함께 하는 사람들은 함께 식사한다. 군대에서도 그렇고, 고기잡

이배에서도 그렇고, 산업 현장을 비롯한 각종 일터에서도 그렇다.

음식은 생존과 직결되어 있다. 살기 위해서 먹기도 하지만 먹기 위해서 살기도 한다. 음식을 먹는 행위는 신성하고 고귀한 것이어서, 비록 혼자 먹을지언정 적하고 같이 마주 앉아서 먹지는 않는다. 마주 앉아서 식사를 한다는 것은 같은 편이라는 의미요, 마음을 터놓을 수 있는 사이라는 의미다.

인간은 본능적으로 '친화욕구'를 갖고 있다. 혼자 있는 것보다는 누군가와 같이 있는 게 생존을 비롯해서 여러모로 유리하기 때문이다. 그러나 살아온 환경이 서로 다르다 보니 일정 부분 이상 가까워지기 어렵다. 죽마고우처럼 아무 계산 없이 만나서 동고동락을 한 사이가 아닌 이상 허물없는 만남은 쉽지 않다. 그렇기 때문에 대인 관계를 하면서도 사람들은 저마다 자신만의 방어막을 치고 있다. 방어막을 걷어낼 수 있는 가장 좋은 방법은 함께 식사를 하는 것이다. 함께 음식을 먹는 행위는 서로가 사적인 공간을 개방한다는 의미이다. 따라서 사무실이나 회의실에서는 절대로 나눌 수 없는 지극히 사적인 이야기도 나눌 수 있다. 또한 뇌가 좋아하는 음식을 공급할 수 있기 때문에 마음이 쉽게 열린다.

세상에는 다양한 맛을 지닌 다양한 음식이 존재한다. 저마다 맛과 향기가 천양지차인 듯 보이지만 실상 인간이 좋아하는 맛은 지방과 설탕, 그리고 소금이 적당히 결합된 맛이라고 한다. 인간의 뇌는 기본적으로 단맛, 쓴맛, 신맛, 짠맛, 감칠맛으로 다섯 가지 맛만을 분류할수 있다. 그 외의 맛은 시각, 후각, 청각, 촉각 등이 미각과 더불어서 빚어낸 맛에 대한 또 다른 기억이다.

뇌에는 음식에 대한 다양한 정보가 저장되어 있다. 누군가 좋아하는 음식을 먹으러 가자고 말을 꺼내는 순간, 뇌에서는 변화가 일어난다. 축적된 경험과 기억에 의해서 그 맛을 되살려내고, 이미 음식을 먹는 듯한 기분에 젖는다. 뇌에서는 도파민이 분비되고, 입안에는 군침이 고인다.

뇌는 습관대로 행동하고 습관대로 받아들인다. 음식은 주로 가족이나 절친한 사람들과 함께 먹어왔기에 뇌는 상대방을 편안하고 좋은 사람이라고 판단해 버림으로써 스스로 긴장감을 푼다. 맛있는 음식을 먹는 동안 뇌에서는 '오피오이드Opioid'라는 화학물질이 분비되어서 활력이 넘치고 기분이 좋아진다. 상대방의 이야기에 별다른 저항 없이 고개를 끄덕이게 되고, 회의실에서라면 몇 번을 검토했을 안건도 쉽게 받아들이고 만다.

대인 관계를 개선하고 사람의 마음을 얻는 데는 함께 식사하는 것만큼 좋은 방법도 드물다. 아무리 어색한 사이일지라도 몇 차례 밥을 먹다 보면 어색함이 사라진다.

복학생이었던 L군이 7년 후배인 P양의 마음을 사로잡은 비결도 '함께 식사하기'였다. 나이 차이가 나는 데다 하늘같은 대선배다 보니 P양은 L군을 처음에는 몹시 어려워했다. P양이 마음에 들었던 L군은 만날 때마다 "밥 먹었니?" 하고 물었고, 약간의 주저함만 보여도 "밥 먹으러 가자!"며 팔을 잡아끌었다. 두 사람은 학창시절 줄기차게 밥을 먹었고, 대학을 졸업하자마자 결혼해서는 지금도 함께 밥을 먹고 있다.

조지 버나드 쇼는 "음식에 대한 사랑보다 더 진실한 사랑은 없다."고 했고, 중국의 소설가인 린위탕林語堂은 "대체 이 세상에서 참으로 기쁨을 주는 것이 몇 가지나 될까. 손꼽아 헤아려 보니 확실히 첫 손가락으로 꼽을 수 있는 것이 음식이다."라고 했다.

음식은 모든 사람에게 기쁨을 준다. 즉, 식사를 함께 한다는 것은 단순하고 평범해 보이지만 기쁨을 나누는 행위다. 누군가의 마음을 열고 싶다면 "언제 우리 식사 한번 같이 해요."라고 빈말만 하지 말고 구체적으로 약속을 잡아라. 허물없는 사이로 발전할 수 있는 좋은 기회다.

2014년 새뮤얼 아브스만은《지식의 반감기》라는 흥미로운 책을 냈다. 모든 지식에는 반감기가 있어서 세월이 흐르면서 점점 영향력이 줄어들고, 일정 기간이 지나면 그 지식 중 절반이 쓸모없는 지식으로 변한다는 것이다. 그에 이론에 의하면 물리학은 13.07년이지만 심리학은 7.15년, 역사학은 7.13년에 불과하다.

생물학 교과서에는 혀의 구획을 나눠서 단맛은 혀끝, 신맛은 혀 양쪽, 쓴맛은 혀 뒤, 짠맛은 혀 가장자리에서 느낀다는 설명과 함께 '혀 지도'라는 그림이 오랫동안 실려 있었다. 나뉘어진 특정 부위에서 특정한 맛을 감지한다는 것인데, 미국의 마운트시나이 의대교수인 로버트 마골스키는 '혀 지도는 19세기 말의 연구를 잘못 해석해서 실은 것'이라면서, 맛은 어느 부위에서라도 감지할 수 있다고 주장했다.

또한 우리는 그동안 혀의 미각돌기에서 분류할 수 있는 순수한 맛에는 쓴맛, 단맛, 신맛, 짠맛이 있다고 배웠다. 그러나 최근에는 '감칠맛'을 더해서 5가지 맛으로 분류하는데 감칠맛은 20가지 아미노산 중의 하나인 글루탐산에 의해 감지된다고 한다. 또한 미각세포는 혀에만 존재하는 것이 아니라 소장에도 존재해서, 당 성분을 감지했을 때 인슐린 분비가 일어난다는 사실을 2007년에 발견했다.

최근 뇌 과학자들의 연구에 의하면 혀의 미각돌기에서 느끼는 맛은 일부분이며 총체적인 맛은 뇌에서 느낀다고 한다. 인체는 시각, 청각, 촉각, 후각, 미각을 총동원해서 맛을 느끼고 즐긴다. 따라서 좋은 음식을 즐기려면 그 자체의 맛도 중요하지만 그날의 분위기도 대단히 중요하다. 세상에서 가장 맛있는 음식은 '사랑하는 사람과 함께 하는 식사'라는 말도 있지 않은가.

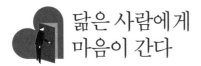

닮은 사람에게 마음이 간다

한때 '코드가 맞다'는 말이 유행이었다. '죽이 잘 맞는다'나 '손발이 척척 맞는다'와 유사한 표현으로 서로 잘 통한다는 의미다. 코드가 맞는 사람은 쉽게 친해진다. 대다수 사람들이 인맥을 관리하기 위해 다양한 사람들을 만나지만 그중에서 가장 친한 사람들은 코드가 맞는 사람들이다. 특히 사람을 만나는 일 자체가 스트레스인 내향적인 사람의 경우에는 코드가 맞는 사람들만 만나려고 한다.

뇌는 나와 반대되는 사람보다는 닮은 사람을 좋아한다. 물론 여기서 닮았다는 것은 단순히 외모만을 의미하지는 않는다. 과학자들은 뇌가 닮은 사람에게 호감을 느낀다는 사실을 밝혀내기 위해서 여러 가지 실험을 했다. 그 결과 자신의 얼굴을 합성해서 성 전환시킨 이성에게 매력을 느끼고, 자신과 유사한 나이와 복장을 한 사람에게 마음이 끌린다. 또한 부부의 사진을 비교 분석한 결과 결혼하기 전부터 서로 닮아 있었다.

뇌는 '자기애自己愛'가 심하다. 자신에 대한 콤플렉스가 심한 경우가 아니라면 대다수가 나를 사랑하며, 나와 닮은 사람을 선호한다. 뇌는 타인에 대해서는 엄격하지만 나에 대해서는 관대해서 나를 지극히 정상적이라 생각하며, 다른 사람이 보고 판단하는 것보다 나의 외모와 능력, 성격 등을 부풀려서 판단한다.

외모가 닮았다는 것은 여러 가지 의미를 지닌다. 과거 원시 부족들은 독립된 생활체를 꾸려 나갔고, 오랜 세월 공동체 생활을 해 나가는 동안 유전인자가 섞이다 보니 서로의 생김새가 비슷해졌다. 즉, 나와 닮았다는 것은 유전인자가 유사함을 의미하며, 적이 아닌 같은 편이라는 의미다. 또한 나와 닮았다는 것은 유전인자가 유사하기 때문에 코드가 잘 맞아서, 별다른 마찰 없이 오랫동안 좋은 관계를 유지할 수 있음을 의미한다.

외모가 닮으면 본능적으로 끌리지만 배경이 유사할 경우에도 금세 친해진다. 공통된 화제가 많은 데다 비슷한 희로애락을 겪으며 자랐기 때문에 동질감을 느낀다. 죽마고우를 만나면 밤늦게까지 웃고 떠드는 이유도 이 때문이다.

비슷한 도덕성을 지닌 사람에게도 마음이 끌린다. 품성이 비슷하고 선과 악을 구분하는 시선이 비슷하기 때문에 이야기를 나누다 보면 코드가 맞아서 시간 가는 줄 모른다. 평상시 사회 문제나 청소년 범죄 등에 무관심하던 사람도 이런 사람을 만나면 침을 튀기며 이야기하게 된다. 자신의 생각을 반박하지 않고 고스란히 받아 줄 사람이 생겼으니 어찌 신이 나지 않겠는가. 또한 태도나 취미가 비슷한 사람에게도 마음이 끌린다. 여기서 태도란 가치관에 따라서 나타나는 좋고 싫음에 대한 생각을 의미한다. 태도가 유사한 사람들은 대화거리가 무궁무진하다. 정치적 색깔도 동일하며 경제적 관점도 유사하다. 거기다가 취미까지 비슷하다면 만난 지 몇번 안됐을지라도 단짝이 될 수밖에 없다.

이처럼 대인 관계에서는 '유사성의 원리'가 먹힌다. 그렇다면 외모, 배경, 도덕성, 태도가 다른 사람은 마음을 터놓고 지낼 정도로 가까워질 수 없는 걸까? 물론 그렇지 않다. 비록 살아온 환경과 정신세계가 다를지라도 뇌를 속여서 마음을 여는 비결이 있다. 바로 상대방의 여러 가지 모습을 거울에 비친 듯이 따라 하는 '미러링Mirroring'이다.

미러링은 크게 표정, 말투, 몸짓, 기분 네 종류로 나눌 수 있다. 미러링은 단순히 따라 하는 게 아니라 정신적 교감을 나누는 데 그 목적이 있다. 뇌는 자신과 닮은 사람은 같은 편으로 인식하기 때문에 얼굴 표정이나 몸동작을 따라 하면 친근감을 느끼고, 말투나 같은 단어를 사용하면 정신적인 동지로 받아들인다. 기분을 따라 하는 건 공감 의식이 강해야 가능한데 울적할 때는 울적한 척, 기쁠 때 함께 기뻐해 주면 나와 여러모로 잘 맞는 사람이라고 인식해서 가슴속 이야기를 쉽게 털어놓게 된다.

오래된 연인들은 몸짓도 표정도 서로 닮아간다는 연구 결과가 있다. 미러링은 '나는 당신과 가까워지고 싶다'는 또 다른 표현 방식이다. 잘만 활용한다면 누군가의 마음을 열 수 있는 훌륭한 키가 될 수 있다.

인간에게는 타인의 행동을 따라 하고 싶은 원초적 본능이 감춰져 있다. 누군가 어떤 행동을 하면 뇌는 그 행동을 할 때 관여하는 뇌의 영역이 활성화된다. 영화 속에서 헤어져 있던 연인들이 다시 만나 뜨겁게 포옹하며 눈물 흘리면, 관객들의 뇌는 누군가를 안는 운동 영역이 활성화되어서 반가움과 동시에 벅찬 감동을 느낀다.

'미러링'이 타인의 마음을 사로잡는 데 효과적인 이유는 따라 하다 보면 상대의 마음을 이해하고 공감할 수 있기 때문이다. 인간의 몸짓에는 저마다 나름대로의 의미가 감춰져 있다. 그 의미를 파악할 수 있다면 쉽게 상대방의 마음을 읽을 수 있다. 그러나 몸짓에 감춰진 상대방의 심리를 파악할 수 없다면 행동을 따라해 보라. 열심히 따라 하다 보면 상대방이 지금 어떤 기분인지, 어떤 생각을 하고 있는지 느끼게 된다.

헤어져 있을 때
마음 움직이기

포도주가 숙성되기까지는 어느 정도의 기간이 필요하듯이 만남도 마찬가지다. 한두 번의 만남으로 마음을 얻기는 어렵다. 아무래도 어설프고 떫은맛이 나게 마련이다. 서로가 마음을 열고 성숙한 관계로 발전하기 위해서는 시간과 정성이 필요하다.

모든 만남은 여운을 남긴다. 어떤 만남은 생각조차 하기도 싫고, 어떤 만남은 시간이 지나면서 완전히 지워져 버리고, 어떤 만남은 시간이 흐를수록 점점 더 그리워진다. 그래서 사람의 마음을 얻기 위해서는 전략을 잘 세울 필요가 있다. 물론 첫 만남에서 좋은 인상을 남길 수 있다면 더할 나위 없이 좋다. 그러나 저마다 살아온 환경과 방식이 다르고, 그날의 컨디션과 기분이 다르다 보니 상대방의 마음에 쏙 들기란 쉽지 않다.

첫인상으로 이미지를 결정하고 그 이미지가 오랫동안 지속되는 '초두 효과'는 10초 이내의 짧은 시간에 이루어진다. 외모, 표정, 시선, 목소리, 말투, 전체적인 분위기 등이 영향을 주기 때문에 노력하면 어느 정도까지는 바꿀 수 있다. 그러나 전체적인 첫인상을 바꾼다는 건 사실 쉽지 않다.

첫인상이 그리 좋지 않다면 '최신 효과'에 주목할 필요가 있다. 첫인상 못지않게 중요한 것이 최신 효과이다. 기억력은 한계가 있다. 그러다 보니 뇌는 처음과 끝을 기억한다. 첫인상이 그 사람에 대한 전체적인 이미지를 결정한다면 헤어질 때의 인상은 다음 만남까지의 이미지에 영향을 미친다. 첫인상과 마지막 인상이 일치되는 경우도 있지만 불일치하는 경우도 적잖다. 처음에는 괜찮은 사람이라고 생각했는데 점점 실망해서 마지막 인상이 나쁘게 남는 수도 있고, 처음에는 안 좋게 봤는데 헤어질 때는 매력적인 사람으로 인상에 남을 수도 있다.

세상 모든 만남은 호수에 떨어진 돌처럼 어떤 형태로든 파문을 남긴다. 어떤 만남은 작은 물방울을 튀기고는 기억 속에 사라져 버리고, 어떤 만남은 헤어져 있는 동안 점점 그 여운이 커져서 상대방의 마음을 움직인다.

최신 효과를 살리기 위해서는 어떻게 해야 할까?

첫째, 마음의 빚을 지운다 | 뇌는 완성된 일이나 사건은 이내 잊어버리지만 종료되지 않은 일이나 사건은 계속 기억해 둔다. 수많은 업무를 처리해야 하는 뇌의 입장에서는 비효율적이지만 사회생활에서 살아남기 위해서는 어쩔 수 없다.

도움을 받거나, 식사를 대접 받거나, 뜻하지 않았던 선물을 받게 되면 보답을 하기 전까지는 마음의 빚으로 남는다. 뇌는 그 빚을 갚기 전까지는 그 사람을 항상 생각하게 된다.

둘째, 감동적인 이야기를 들려준다 | 책에서 보거나 다른 사람에게서 들은 감동적인 이야기를 들려줄 경우 나는 사라지고 이야기와 감동만 남는다. 가급적 나의 체험을 들려주는 게 좋다. 가난한 시절에 있었던 특별한 추억, 가족의 사별로 인해 견디기 힘들었던 슬픔, 누군가에게 잊지 못할 도움을 받았던 일 등을 솔직하게 털어놓는다. 별것 아닌 것 같지만 이런 유형의 이야기 하나로 전체적인 이미지가 달라진다.

셋째, 미완성으로 남겨둔다 | 시리즈물이 재미있으면 다음을 기다리게 된다. 재미있는 이야기나 여행 경험담 같은 것은 한 번에 하지 말고 나눠서 하고, 맛집도 일회 탐방으로 끝낼 것이 아니라 여러 군데를 정해 놓았다가 다음을 기약하게 되면 다음 만남을 기다리게 된다.

넷째, 헤어질 때 다음 약속을 잡는다 | "다음 주 화요일에 점심이나 하죠. 그동안 무엇을 먹을지 생각해 두세요."

뇌는 약속으로부터 자유롭지 못하다. 작은 약속일지라도 한 번 하고 나면 기억해 두었다가 계속 떠올린다. 달력을 볼 때는 물론이고 식당을 지날 때도 습관적으로 떠올리게 된다.

다섯째, 장점을 살려서 다시 연락한다 | 사나흘쯤 지나면 만남의 여운이 사라지면서 망각 체제로 들어간다. 다시 한 번 기억을 환기시킬 필요가 있다. 연락할 때는 자신의 장점을 살려서 연락을 하는 게 좋다. 목소리에 자신이 있으면 전화를 하고, 글재주가 좋으면 카톡이나 이메일을 보내고, 그림에 자신 있으면 엽서에다 간단한 그림을 그려 보내면 최신 효과를 되살릴 수 있다.

하던 일을 끝내지 않고 새로운 일을 시작할 경우 뇌는 '자이가르닉 효과'를 겪게 된다. '자이가르닉 효과'는 러시아의 심리학자 자이가르닉이 식당 종업원이 지불되지 않은 주문을 잘 기억하고 있다는 사실에 착안해서 만든 이론이다.

뇌는 시작한 일은 끝내고 싶어 한다. 그래야 새로운 일을 시작할 수 있기 때문이다. 그러나 일을 끝내지 못하고 다른 일을 시작할 경우, 끝내기 위해서 다시 시작할 때까지 뇌는 그 일을 계속 잊지 못한다. 뇌는 시간의 흐름에 따라 있었던 사건과 감정 등을 장기기억과 단기기억으로 분류해서 저장하는데 끝나지 않은 기억은 경화가 되지 않기 때문에 장기기억으로 저장할 수 없다. 여전히 단기기억 속에 남아서 가뜩이나 업무량이 많아서 괴로운 뇌를 더 괴롭힌다.

스킨십이
마음을 연다

인간과 유사한 유인원인 침팬지를 통해서 스킨십에 관한 연구가 여러 차례 이루어졌다. 침팬지에게 있어서 스킨십은 애정 표현임과 동시에 화해의 수단으로 사용된다. 부모로부터 스킨십을 받으며 성장한 침팬지는 그렇지 않은 침팬지보다 뇌가 발달된 것으로 나타났다.

인류의 진화 과정을 연구하는 학자들은 인류 발전의 가장 큰 공로로 직립보행을 꼽는다. 직립보행으로 인해 손을 자유자재로 사용하게 되고, 각종 도구를 사용하게 됨으로 인해서 뇌에 자극을 주고, 상상력과 창의력이 발달해서 오늘날의 문명을 이루었다는 것이다.

캐나다의 신경외과 의사였던 와일드 펜필드는 인간의 대뇌와 신체각 부위와의 연관성을 밝혀낸 흥미로운 지도를 만들었다. 그는 살아

있는 인간의 대뇌 피질에 침을 꽂고 전기 자극을 주는 방식으로, 감각 영역과 운동영역에서 신체 각 부위의 기능을 담당하는 범위가 어느 정도의 비율을 차지하고 있는지를 밝혀내, '호문쿨루스Homunculus'라는 생물학적인 지도를 만들어냈다.

호문쿨루스는 라틴어로 '작은 사람'을 뜻하며, 중세시대에는 '요정'을 뜻하는 단어로 사용했는데 그는 자신의 연구 결과를 바탕으로, 신체 부위를 담당하는 뇌 부위의 크기에 따라서 새로운 인간의 모습을 그렸다. 그는 인간 지도를 '운동 모형'과 '감각 모형'으로 분류했는데 운동 모형에서는 손가락, 입, 입술, 혀, 눈을 담당하는 부분의 피질이 넓고, 감각 모형에서는 손과 혀 등을 담당하는 피질이 넓은 걸 확인할 수 있다. 호문쿨루스는 다른 장기에 비해서 손이 유독 크고 입술이 두텁다. 손과 입술에 운동신경 정보와 감각신경 정보를 전달하는 신경 세포가 유독 많이 분포되어 있기 때문이다.

손과 뇌는 밀접하게 연결되어 있다. 손은 뇌의 명령에 의해서 움직이지만 손을 움직임으로 인해서 반대급부로 뇌가 좋아진다. 손의 움직임이 전두엽을 자극하여 창의적인 생각을 가능하도록 하기 때문이다.

대인 관계에서 스킨십이 중요한 이유는 손과 뇌가 긴밀하게 연결되어 있기 때문이다. 인체를 둘러싸고 있는 피부는 중추신경계와 뇌, 눈의 렌즈, 신경절과 신경 등등과 함께 외배엽에서 형성되는 중요한 장기 중 하나다. 피부는 신체의 가장 겉면에 자리하고 있으며 가장 빨리 성장하고, 가장 넓은 면적을 차지하며 무려 체중의 16%를 차지한다. 피부는 뇌와 같은 시기에 형성되기 때문에 '제2의 뇌', '노출된 뇌'로도 불린다. 또한 후각이나 시각과는 달리 신경회로로 연결되어 정보를 주고받기 때문에 아주 약한 자극도 뇌에 고스란히 전달된다.

인간은 태어나면서부터 부모의 손길 속에서 자란다. 수시로 안아주고, 쓰다듬어 주고, 목욕시켜 주고 하는 사이에 아이의 뇌는 점점 자라난다. 침팬지를 통한 각종 실험에서도 나타났듯이 영유아기에 부모가 자주 스킨십을 해 주면 그렇지 못한 아이보다 뇌의 여러 부위가 활성화된다. 정서적으로 안정되고, 감수성과 상상력이 발달하고, 자신감이 넘치고, 사회성이 활발하고, 호기심이 왕성해지고, 문제 해결 능력이 향상된다.

실험 결과에 의하면 스킨십은 각종 신경전달물질의 분비를 조절한다. 스트레스 호르몬인 코르티솔Cortisol의 분비를 감소시키고, 심리적 안정감을 주는 옥시토신을 분비시키며, 뇌의 감각 영역으로부터 뇌간에 작용하여 복측중뇌피개의 세포에서 도파민을 생성하고, 뇌간에 있는 세포에서 세로토닌을 분비하며 신체를 활성화한다. 그 밖에도 심장 박동 수의 안정을 가져와 두려움과 우울증을 완화하고, 고혈압과 심장병 예방에도 도움이 되는 것으로 나타났다.

스킨십을 하면 사랑의 호르몬으로 불리는 옥시토신이 분비되기 때문에 연인은 물론이고 동성끼리라도 악수, 포옹, 토닥거림 등을 통해서 신뢰 관계를 형성할 수 있다. 반가움을 표시할 때는 눈을 맞추고, 손을 들어 올리는 행동보다는 악수나 포옹을 하면 반가움이 실제로 피부에 와 닿는다. 알 수 없는 벽이 느껴지는 사이도 몇 차례 스킨십을 하다 보면 스르르 벽이 사라지게 된다. 스킨십을 할 때 언어적인 스킨십을 함께 사용하면 효과가 배가 된다.

"사랑해."

"나는 당신이 자랑스러워!"

"당신과 함께 해서 지난날들이 행복했어."

학습을 할 때도 단순히 눈이나 귀로 하는 것보다는 시각, 청각, 촉각 등을 총체적으로 사용하면 효과적이듯이, 스킨십을 할 때도 피부와 시선, 말 등을 총체적으로 사용하는 게 좋다. 그러한 마찰이 자연스레 뇌를 자극하고, 활성화하기 때문이다.

 인간과 유전자가 유사한 침팬지의 임신 기간은 인간보다 35일 정도 짧다. 그럼에도 불구하고 침팬지 새끼는 뱃속에서 뇌가 45% 정도 성장했을 때 세상에 태어난다. 반면 인간은 뇌가 25% 정도 성장했을 때 세상에 나온다. 생후 350g 불과했던 뇌는 빠르게 성장해서 만 1년이 되면 성인 뇌의 75%까지 성장해서 1,000g이 된다. 그 뒤 속도는 주춤해지지만 만 6세가 되면 93%까지 성장하고, 그 뒤에도 계속 멈추지 않고 20대 중반까지 성장한다.

과학자들의 연구에 의하면 인간이 늙어서 고향을 그리워하는 이유는 뇌가 성장한 환경이기 때문이라고 한다. 뇌는 행복했던 시절에 대한 본능적인 그리움이 있다. 부모나 가까운 사람들과 애착을 형성하며 잦은 스킨십을 했던 시기이기 때문에 나이를 먹어서도 스킨십을 그리워하고, 스킨십으로부터 마음의 안정을 찾는다.

오스트리아의 심리치료사이자 음악치료사인 이름트라우트 타르는 '한 번의 포옹이 수천 마디 말보다 더 많은 것을 말해 준다.'고 했다. 누군가의 마음을 열고 싶다면 먼저 다가가서 꼭 끌어안아라. 상대방의 마음의 문이 열리는 것까지는 느끼지 못하겠지만 내 마음의 문이 스르르 열리는 것쯤은 느낄 수 있으리라.

CHAPTER 5

마음을 슬쩍
훔치는 비결

마음이 현실을 만들어 낸다. 우리는 마음을 바꿈으로써 현실을 바꿀 수 있다.

-플라톤

말이 오해될 때가 아니라 침묵이 이해되지 못할 때 인간관계의 비극은 시작된다.

-H. 데이빗 소로우

짝사랑을
이루는 비결

짝사랑은 왜 이루어지지 않을까? 그 이유는 크게 보면 세 가지다.

첫 번째는 사랑에 서툴기 때문이다. 짝사랑은 대개 어린 나이에 한다. 이성에 눈을 뜨면서 첫사랑이 짝사랑으로부터 시작되기도 한다. 그러다 보니 사랑이 뭔지, 마음이 뭔지, 마음끼리 소통하기 위해서는 뭘 해야 하는지를 모른다.

두 번째는 이룰 수 없는 사랑인 경우가 많기 때문이다. 연예인, 선생님, 사촌, 유부남 등등… 사회에서는 허용이 안 되는 상대를 사랑하기도 하고, 누군가와 사랑에 빠져 있는 상대를 사랑하기도 한다. 이런 사랑은 결국 가슴앓이를 하다가 추억으로 남게 된다.

세 번째는 사랑의 감정이 처음이다 보니 자신의 감정을 사랑하는 경우가 적지 않다. 상대를 사랑하기도 하지만 상대를 사랑하는 자신의 감정에 충실하려고 노력하다 보니, 멀리서 지켜보며 혼자시 애를 태운다. 자신의 감정이나 환상이 깨어질까 봐 상대에게 다가가기를 두려워하다 보니 짝사랑은 짝사랑으로 끝날 수밖에 없다.

이 세 가지 경우에 해당되지 않는 짝사랑이라면 노력하기에 따라서 이룰 수도 있다. 상대방의 마음을 상대방도 모르게 슬쩍 훔치면 된다.

첫째, 상대방이 나의 존재 자체를 모르거나 내가 자기를 좋아하는 건지 아닌지 반신반의하는 경우, 이런 짝사랑은 노력하면 충분히 이룰 수 있다. 일단 나의 존재를 알려야 한다. 그러나 조급해하거나 서둘러서는 안 된다. 상대방이 부담을 느끼지 않도록 충분한 시간을 주어야 한다. 초조하고 답답한 마음에 친구에게 속마음을 털어놓지 마라. 소문이 상대방의 귀에 들어가게 되면 짝사랑은 결국 짝사랑으로 끝나게 된다.

가장 중요한 것은 상대방의 뇌가 나를 받아들일 준비를 마칠 때까지 기다리는 일이다. 준비도 되지 않았는데 소문을 통해서 듣게 되면 뇌는 이 상황을 낯설어 하고, 나와 상대방과의 관계보다는 사회적인 이목을 먼저 생각하게 된다. 그렇게 될 경우 사랑을 받아들이기보다는 거절할 확률이 높아진다. 그러니 일단 상대방에게 나를 알릴 필요가 있다. 상대방 앞에 자주 모습을 드러내라. 처음에는 눈맞춤을 하며 인사를 건네고, 가볍게 말을 걸어라. 뇌는 자주 만나는데 자신을 비난하거나 해치려는 상대가 아니라면 일단 아군으로 받아들인다. 접근하는 데 성공했다면 함께 하는 시간을 점점 늘릴 필요가 있다. 연인들이 하는 일들을 하나씩 시도해 보라. 영화보기, 마주 앉아서 음식 먹기, 함께 산책하기 등을 해 보다가 상대방도 별다른 경계심 없이 받아들이면 적당한 기회를 봐서 고백하면 된다.

둘째, 내가 짝사랑하는 것을 알면서도 상대방이 나에게 관심이 없는 경우, 상대방이 내 마음을 눈치 챘는데도 나에게 관심이 없다면 짝사랑을 이루기가 쉽지 않다. 이때 중요한 것은 기다림이다.

상대방이 나에게 관심이 없다는 것은 대개 세 가지 이유다.

하나, 좋아하는 상대가 있어서 내가 눈에 들어오지 않는 경우 | 이런 경우는 인내심을 갖고서 상대방을 지켜봐야 한다. 만약 상대방이 차여서 실연의 아픔 때문에 괴로워한다면 그때 접근할 필요가 있다. 실연의 아픔을 달래주다 보면 상대방의 뇌가 나를 의지하게 되고, 그러는 사이에 새로운 관계가 형성된다.

둘, 상대방이 뭔가에 빠져 있거나 몹시 바빠서 사랑 따위는 신경 쓸 겨를이 없는 경우 | 잘 사귀던 연인들도 남자가 군대에서 제대하고 나면 헤어지는 경향이 있다. 제대하고 나면 남자는 해야 할 일이 많아진다. 공부도 마저 해야 하고, 각종 시험도 준비해야 하고, 취업도 해야 한다. 그러다 보니 연애에 신경 쓸 겨를이 없다. 이때 여자가 남자의 변화를 배신으로 받아들이면 사랑은 깨지게 된다.

마찬가지로 상대방이 뭔가에 깊이 빠져 있거나 바빠서 연애에 신경 쓸 겨를이 없다면 주위를 맴돌면서 인내심을 갖고 기다려야 한다. 일상으로 돌아오고 문득 외로움이 찾아왔을 때 자연스럽게 손을 내밀면 된다.

셋, 첫인상이나 전체적인 이미지가 마음에 안 들어서 내가 싫은 경우 | 자존심이 상하고, 자신감이 뚝 떨어지겠지만 실망할 필요는 없다. 시간을 갖고서 나에 대한 상대방의 인식을 조금씩 바꿔나가면 된다. 먼저 상대방에 대한 정보를 캐야 한다. 나를 싫어하는 이유와 나에 대한 이미지, 이상형, 취미 등을 조심스럽게 캐라. 그런 다음 이미지 변신을 시도하라. 살찐 사람을 싫어한다면 다이어트를 해서 살을 빼고, 뇌에 든 게 없는 사람을 싫어한다면 책을 읽으며 지식을 쌓아라. 한 번 박힌 고정관념을 바꾸기란 쉽지 않다. 시간과 인내가 필요하다. 고정관념을 흔들기 위해서 의외의 모습을 보여 줄 필요가 있다. '어? 저런 면도 있었어?'라는 생각이 들게끔 새로운 모습을 보여 줘라. 예를 들어서 상대방의 취미 활동을 내가 잘한다면 나를 다시 보게 된다. 나에 대한 이미지를 반전시킬 수 있는 상황을 만들어야 한다. 그렇게 되면 상대방의 뇌는 나를 새롭게 인식하게 될 것이다.

미국의 유명 만화가인 찰스 먼로 슐츠는 "짝사랑처럼 땅콩버터 맛을 떨어뜨리는 것은 없다."고 했다. 짝사랑은 쓸쓸하고 외로운 일이다. 그러나 짝사랑도 노력 여하에 따라서 충분히 이룰 수 있다.

사랑에 빠진 사람의 뇌를 들여다보면 음식이나 금전적 보상이 주어지거나 성적 흥분이 일어났을 때 반응하는 보상 중추 부위가 활성화된다. 신경전달물질인 도파민과 천연각성제로 불리는 바소프레신, 사랑의 호르몬으로 불리는 옥시토신 등이 분비되어 흥분 상태에 빠지게 된다. 반면 부정적 판단을 내리는 전두엽 대뇌피질은 비활성화되어서 상대방의 단점마저도 사랑하게 된다.

짝사랑도 처음에는 사랑에 빠진 사람처럼 기대감으로 보상 중추가 활성화되지만 오랜 기간 동안 사랑이 이루어지지 않으면 기대감이 실망감으로 변한다. 전두엽 대뇌피질이 활성화되어서 마치 실연이나 따돌림을 당한 것처럼 상실감과 함께 아픔을 느끼게 된다. 상실감이 심한 경우 우울증에 시달리다 자살을 선택하기도 한다.

어차피 이루어지지 못할 짝사랑이라면 포기하는 것도 좋은 방법이다. 지금 당장은 그 사람 없는 인생이라면 살아가야 할 이유를 하나도 찾을 수 없으리라. 하지만 일단 그 사람을 포기하겠노라고 결정하고 나면 뇌는 자신의 생존을 위해서라도 '헤어지기 정말 잘한 이유'를 최소 3개 이상, 필요하다면 1,000개 이상도 찾아낸다.

만약 학교나 회사에서 자주 만나기 때문에 마음의 결정을 내리기 쉽지 않다면 잠시 여행을 떠나거나 다른 사람을 만나라. 뇌에게 잠시 환기할 시간을 주면 스스로 현명한 방법을 찾아낸다.

남자의 마음을
훔치는 비결

미국의 심리학자 존 그레이는 남녀의 차이를 다룬 《화성에서 온 남자, 금성에서 온 여자》라는 책을 내서 일약 베스트셀러 작가가 됐다. 그동안 남녀는 성별만 다를 뿐 유사하다고 생각했는데 그 주장에 의문을 제기했다. 몇 가지 예를 든다면 남자는 생산성과 관련된 일을 중요시하며 다른 사람이 자신을 중요시할 때 행복감을 느낀다. 반면 여자는 사랑과 관계를 중요시 여기며 사랑받고 있다고 느낄 때 행복감을 느낀다. 남녀는 사실 유사하지만 다른 점을 찾으면 각기 다른 별에서 온 사람처럼 느껴질 정도로 수많은 차이점을 발견할 수 있다. 따라서 남녀의 마음을 훔치려면 그 차이점부터 명확히 알아야 한다.

미국 필라델피아대학교 의과대 라지니 버마 교수팀은 8살부터 22살의 남녀 949명의 뇌 연결망 구조를 보여주는 뇌 영상을 분석한 논문을 2013년 〈미국과학아카데미 회보PNAS〉에 발표했는데, 연구 결과를 보더라도 남녀의 차이는 확연하다. 뇌 연결망 구조가 다르기 때문에 서로가 잘하는 것이 다르고, 좋아하는 것도 다르다.

남자의 마음을 훔치려면 다음 7가지를 명심하라.

하나, 눈부터 사로잡아라 | 아일랜드 시인인 윌리엄 버틀러 예이츠의 시에 보면 '술은 입으로 들어오고 사랑은 눈으로 든다.'는 시구가 있다. 여자는 분위기와 감정, 속삭임 등에서 성적 흥분을 느끼지만 남자는 시각 정보를 통해서 성적 흥분을 느낀다. 남자가 예쁜 여자를 좋아할 수밖에 없는 이유이기도 하다. 그러나 남자가 좋아하는 예쁜 여자와 여자가 좋아하는 예쁜 여자는 다르다. 여자는 개성 있는 여자나 강인한 여자에게서 매력을 느끼지만 남자는 착해 보이는 여자에게서 매력을 느낀다. 강렬한 인상의 스모키 화장은 남자의 시선을 빼앗을 수 있지만 마음을 빼앗을 수는 없다. 남자의 마음은 화장을 한 듯 안 한 듯 해 보이는 순수한 모습에 끌린다.

남자의 뇌는 내색하지는 않지만 여자의 옷차림이나 액세서리에도 관심을 갖는다. 정식으로 교제하기 전이라면 보편적인 남자의 시각으로 바라보기 때문에 다소 과감한 의상도 남자의 마음을 사로잡을 수 있다. 그러나 일단 사귀기 시작하면 남자의 뇌는 자신이 지켜주고 보호해 줘야 한다고 인식하기 때문에 과감한 옷차림보다는 여성스러운 옷차림을 선호한다.

둘, 존중하고 또 존중하라 | 남자는 사회적인 동물이다. 그의 직업이 무엇이든지 나이가 몇 살이든지 간에 충분히 존중해 줘라. 남자의 뇌로 하여금 존중받고 있다는 느낌이 들게 하려면 칭찬, 눈맞춤, 미소, 경청, 리액션은 필수이다. 이 모든 것이 하나가 될 때 남자는 존중받고 있다고 느낀다.

남자는 자신을 인정해 주는 사람에게 모든 것을 바칠 각오가 되어 있다. 별것 아닌 일에도 '와, 대단한데!'라고 칭찬해 주면 남자의 뇌에서는 도파민이 분비되어 쾌감을 느끼고, 더 힘들고 험한 일도 기꺼이 감수해 내야겠다고 다짐한다.

이성의 눈은 남자의 마음을 설레게 한다. 남자와 계속 시선을 맞춰라. 만나서 헤어질 때까지 눈을 계속 맞추고 있다는 생각이 들 정도로 눈을 바라보며 자주 미소를 지어라. 남자의 뇌는 자신에게 호감을 갖고 있다고 판단하게 된다.

브랜든 프랜시스는 "남자는 자기 말을 들어 주는 여자에게 이미 반정도 사랑에 빠져 있다."고 했다. 나머지 반마저 빠져들게 하고 싶다면 적절하게 리액션을 하라. 남자의 이야기가 다소 지루하더라도 주저하지 말고 하이 톤으로 소리 내서 자주 웃어라. 웃는 모습과 하이 톤의 웃음소리를 들으면 남자의 뇌는 당신을 매력적인 여성으로 인식하게 된다. 남자는 신이 나서 온갖 이야기를 늘어놓을 것이고, 이야기가 길어지면 길어질수록 당신에게 매력을 느끼게 된다. 칭찬, 눈맞춤, 미소, 경청, 리액션이 자연스러웠다면 남자의 뇌는 당신을 절대로 잊지 못한다. 어쩌면 지인에게 운명적인 사랑에 빠졌노라고 고백할 수도 있다.

셋, 도움을 요청하라 | 개인적인 상담이든 처치 곤란한 일이든 간에 주저하지 말고 남자에게 도움을 요청하라. 여자의 요청을 받으면 남자의 뇌는 두 가지 생각을 동시에 하게 된다. '나를 중요한 사람으로 생각하고 있구나'와 '귀찮다'는 생각이다. 하지만 '귀찮다'는 생각의 이면에는 '사회적으로 필요한 사람은 귀찮은 일도 해야 한다.'라는 의무감 내지는 남자로서의 자부심이 깔려 있기 때문에 이내 잊어버리고, 어떻게 하면 그 일을 잘 해낼 수 있을까를 궁리하기 시작한다. 뇌는 요청받은 일을 처리하면서 '이 사람은 나를 믿고 있구나!', '이 사람의 기둥이 되어 주고 싶다!'라는 생각을 자연스럽게 하게 된다. 남자의 뇌는 일을 한 것에 대한 보상을 받는 데 익숙해져 있다. 부탁을 들어줬으면 적절한 보상을 할 필요가 있다. 칭찬도 일종의 보상이지만 보다 적극적으로 밥을 사 준다거나 영화를 보여 준다거나 선물을 주면 무척 좋아한다.

넷, 챙겨 주어라 | 남자는 나이를 먹어도 어린아이 같은 면이 있다. 여자는 좌뇌와 우뇌가 골고루 발달해 있어서 아이를 돌보고, 요리를

하며, 전화로 수다를 떨 수 있다. 그러나 남자는 좌뇌가 주로 발달해 있어서 멀티 플레이는 젬병이다. 한 가지 일에 몰두하면 다른 세계는 까맣게 잊어버린다. 끼니 거르기는 예사고, 세수나 양치도 안 하고, 옷에 케첩이 묻은 줄도 모르고 좋다고 돌아다닌다.

이럴 때 여성이 엄마처럼 다정스레 챙겨 주면 모성애를 느끼게 된다. 음식점에서 숟가락, 젓가락을 놓아 주는 별것 아닌 행동에도 감동을 느끼는 게 남자다. 대화를 할 때도 내 기분이나 일상적인 이야기만 하지 말고 남자에게 관심을 기울여라. "요즘 회사에서 무슨 일 해?" 하고 물어봐 주고, "많이 힘들지?" 하고 눈을 맞추거나 가벼운 스킨십을 하며 다정스레 물어 주면, 남자의 뇌는 자신을 이해해 주는 사람이 있다는 사실에 감동한다.

다섯, '당신은 나에게 특별한 사람이다!'라고 생각하며 행동하라ㅣ 남자는 착하고 친절한 여자를 좋아한다. 그러나 세상 모든 사람들에게 착하고 친절한 여자는 좋아하지 않는다. 남자의 뇌는 단순해서, 다른 사람 앞에서 지나치게 친절하게 굴면 여자의 사랑 자체를 의심한다. 여자의 뇌는 자신의 속마음을 잘 드러내지 않고 질투할 뿐이지만 남자의 뇌는 질투와 동시에 공격한다. 남자의 뇌 중추는 여자보다 2.5배나 커서 운동 능력이 뛰어나지만 공격적인 측면도 훨씬 강하다.

남자의 뇌는 소유욕이 강하다. 비록 당신이 착하고 친절한 품성을 갖고 태어났다고 해도 세상 모든 사람들을 똑같이 대해서는 안 된다. 남자는 당신이 세상 다른 남자들을 대하는 것과는 차원이 다른 대접을 받고 싶어 한다. 그것이 무엇이든지 간에 남자가 원하는 이상의 대접을 해 줘라. 인간은 기대하는 대로, 대접받는 대로 행동하기 마련이다. 이 남자가 특별한 사람이라는 인식을 갖고서 대하다 보면 특별해지고, 당신이 해 줬던 대로 당신 또한 대접받게 된다.

여섯, 취미 생활을 함께 하라 | 남자는 자신만의 세계를 갖고 있다. 그 세계에 관심을 가져 주면 남자의 뇌는 당신을 다르게 인식하기 시작한다. 원래 그 세계는 가족이나 절친들과 함께 했던 세계이기 때문이다. 함께 야구장을 가거나 세상에서 가장 편한 자세로 누워 만화책을 함께 봐라. 별거 아닌 시간 같지만 남자의 뇌는 그 순간을 영원히 잊지 못한다.

일곱, 긍정적으로 생각하라 | 인간의 뇌에는 '미러 뉴런'이 있다. 말하지 않아도 마주 보고 있으면 상대의 감정과 마음을 느낄 수 있다. 남자의 뇌 속에는 '해야 할 일'에 대한 생각들이 많은 부분을 차지하고 있고, 또한 여러 가지 일들 중에서 가장 중요하게 생각한다. 남자의 뇌는 '부정적인 생각은 감정을 소모하기 때문에 결과적으로 해야 할 일을 방해하는 훼방꾼' 정도로 여긴다. 따라서 여자가 부정적인 생각이 강하다면 남자는 여자와의 만남을 점점 꺼리게 된다. 반대로 긍정적인 생각이 강하다면 열심히 일한 날에는 보상 심리로, 스트레스가 심한 날에는 스트레스를 풀 겸해서 여자를 만나려 한다.

　제닝스 랜돌프는 "남자가 여자보다 웅변에는 더 능하지만, 설득력 은 여자가 남자보다 더 강하다."고 했다. 남자의 뇌는 문제가 생기 면 이성으로 처리하려 하지만 여자는 감성으로 처리하려 하기 때문 이다. 이성은 고작해야 듣는 이로 하여금 고개를 끄덕이게 할 뿐이 지만 감성은 듣는 이로 하여금 눈물을 흘리게 한다.

남자의 뇌는 단순하고 여자의 뇌는 다채롭다. 여자가 다채로움을 적절히 이용한다면 남자의 마음을 사로잡는 것은 그리 어려운 일도 아니다.

여자의 마음을
훔치는 비결

20세기를 대표하는 천재이자 지성인 중 한 명인 버트런드 러셀은 "남성은 여성보다 몸집이 우람하다는 것 외에는 여성보다 선천적으로 뛰어난 이유가 하나도 없다고 나는 단언한다."고 말했다.

남자는 단순하지만 여자는 복잡하고 섬세하다. 남자의 뇌가 사냥에 몰두하는 동안, 여자의 뇌는 음식을 준비하고 아이를 돌보면서 동굴 안에서 일어나는 정치적·사회적인 문제들을 원만하게 해결해야만 했다. 그러다 보니 여자의 마음은 같은 여자들조차도 알아맞히기 어려울 정도로 복잡하다.

뇌의 크기로만 본다면 남자의 뇌가 여자의 뇌보다 10~15% 크다. 그러나 여자는 감정과 기억을 담당하는 부위가 남자보다 더 크다. 따라서 남자의 마음을 훔치는 것보다 여자의 마음을 훔치는 일이 훨씬 더 어렵다. 여자의 마음이 더 섬세하고 다채롭기 때문이다.

여자의 마음을 훔치려면 이러한 여자의 특수성을 알아야 한다. 여자를 제대로 알려면 77가지는 알아야 하지만 일단 다음의 7가지만이라도 기억하라.

하나, 관심을 가져라 | 여자의 뇌는 관심 받고 싶어 한다. 특히 성 호르몬의 분비가 왕성한 시기에는 이성의 관심을 받기 위해서 많은 정열과 시간을 허비한다. 관심을 받느냐 못 받느냐가 자신의 생존은 물론이고 종족 번식과도 밀접한 관계가 있기 때문이다.

여자의 뇌를 사로잡으려면 먼저 그녀의 변화를 눈여겨봐야 한다. 새로운 옷을 입고 왔거나 헤어스타일이 바뀌었다면 아는 체를 하고, 칭찬을 해 줘야 한다. 그래야만 여자의 뇌가 안정을 찾는다. 칭찬이 아닌 비난이나 지적을 하게 되면 여자의 뇌는 계속 자신의 외모나 옷차림에 신경 쓰기 때문에 정서적으로 불안정한 상태에 놓이게 된다. 자상한 남자가 되고 싶다면 여자의 스케줄에 관심을 가질 필요가 있다. 그리고 그녀의 하루에 대해서 자연스럽게 질문을 던져라.

"오늘 시험 보는 날이지? 시험은 어땠어?"

"이사 간 집은 어때?"

질문을 할 때는 이처럼 다소 광범위하게 하는 게 좋다. 만약 시험을 망쳤는데 '시험 잘 봤어?'라는 질문을 받게 되면 여자의 뇌가 오해할 소지가 있다. '시험 잘 보는 게 그렇게 중요해?', '내가 시험 못 봤다고 놀리는 거야', '그래, 나 멍청하다! 어쩔래?' 등등…. 중요한 것은 시험이나 이사가 아니라 내가 당신에게 관심을 갖고 있다는 점이다. 다소 광범위한 질문을 받으면 여자의 뇌는 자신이 하고 싶은 이야기만 추려서 할 수 있다. 답답했던 기분을 해소할 수 있어서 좋고, 남자로부터 관심을 받으니 사랑받고 있다는 기분이 들어서 좋다.

둘, 대화 자체를 즐겨라 | 남자는 목적 있는 대화를 하는 데 익숙해져 있다. 반면 여자는 대화 자체를 좋아한다. 남자는 주로 일에 관한 이야기를 하며 살아왔기 때문에 일처리를 하듯 기승전결이 있는 대화를 좋아한다. 이야기를 시작했으면 반드시 어떤 식으로든 결론을 내리려 한다. 반면 여자는 요리, 육아, 애정 관계, 인테리어, 부부 싸움, 이웃과의 관계 등 쉽게 결론을 내리기 어려운 대화를 나누며 살아왔다. 따라서 중요한 것은 서로의 공감이지, 결론이 아니다.

여자와 사석에서 대화할 때는 회의실에서 하듯이 논리와 이성으로 따지지 말고 성급하게 결론을 내리려고 하지 마라. 그냥 화사한 봄날에 조각배를 타고서 강물을 따라 천천히 흘러가듯이 대화 그 자체를 즐겨라. 대화하는 동안 여자의 뇌에서는 도파민과 옥시토신이 분비된다. 스트레스가 해소되며 점점 기분이 좋아져서 당신에게 친근감을 느끼게 된다.

셋, 헤프게 웃지 마라 | 남자의 뇌는 여자의 웃는 모습과 웃음소리를 좋아한다. 반면 여자의 뇌는 고개를 살짝 치켜들고 잘난 체하거나 생각에 잠긴 듯 우수에 찬 표정을 좋아한다. 서로 공감해서 웃음을 터뜨릴 때가 아니라면 헤픈 웃음을 흘리지 마라. 여자는 남자의 헤픈 웃음을 자신의 무능력이나 열등감을 감추기 위한 허세로 받아들인다. 여자는 자신의 성격과 취향이 비슷한 사람을 좋아하면서도 자신에게는 없는 능력을 지닌 사람을 동경한다. 비록 여자는 헤픈 웃음을 흘릴지라도 자신의 남자만큼은 이성적이고 능력 있고, 지적이기를 원한다.

넷, 전화를 자주 하라 | 여자는 특히 청각이 발달해 있다. 청각적 자극에 의한 반응은 남자보다 10배나 더 민감하다. 남자는 여자를 직접 눈으로 봐야지만 사랑에 빠지지만 여자는 목소리만으로도 사랑에 빠질 수 있다. 목소리가 최악이 아니라면 자주 통화하라. 여자는 당신과 편안하게 통화하기 위해서 이미 여러 가지 환경과 조건을 맞춰 놓았다. 낮은 목소리로 "사랑해!" 하고 속삭이는 순간, 여자의 뇌는 돌이킬 수 없는 사랑에 빠지게 된다.

다섯, 평가는 후하게 하라 | 여자의 뇌는 경쟁보다는 전체적인 조화를 중시 여긴다. 그러다 보니 수시로 전체 속에서 자신의 말과 행동이 지나치지 않았는지를 돌아본다. 회사나 학교에서든 단둘의 만남에서든 '오늘 나 어땠어?'라는 투로 물어보면 상황이 어떻든 간에 후

하게 평가해 줄 필요가 있다. 평가를 박하게 하면 여자의 뇌는 당신을 깐깐한 사람으로, 평가를 후하게 하면 아량이 넓고 좋은 사람으로 인식한다. 당신의 평가가 여자의 말과 행동을 바로잡을 확률은 그리 높지 않다. 그러나 여자가 당신에게 마음의 문을 열고 닫는 데는 지대한 영향을 미친다.

여섯, 언제나 여자 편에 서라 | 남자는 어쩌다 한번 전쟁에 나가지만 여자는 크고 작은 전쟁을 치르며 평생을 살아간다. 여자가 전쟁을 치를 때는 언제나 여자의 편에 서라. 누가 잘했고, 누가 잘못했는지는 그리 중요하지 않다. 감정이 가라앉으면 여자의 뇌가 스스로 해결해 나갈 문제다. 또한 싸우는 상대도 그리 중요하지 않다. 부모님, 형제, 선생님, 친구, 상사, 동료, 후배 등… 그 상대가 누구든지 간에 오로지 그녀 편에 서서 그녀의 심정을 이해하려고 노력하라. 여자는 경청해 주고 공감해 주는 그 사실만으로 큰 위안을 얻는다.

한 가지 주의할 점은 그녀의 편에 서는 것은 좋지만 오버해서는 안 된다. 싸우는 상대를 지나치게 비난하게 되면 여자의 뇌는 보호 심리가 발동해서, 분노의 화살을 당신에게 돌릴 수도 있다. 경청하고 공감해 주면서 '나는 무슨 일이 있어도 당신 편이야!'라는 마음을 전달하는 것만으로 충분하다. 당신이 우려하는 일들—시시비비를 제대로 가리지 않아서 발생할 수 있는 문제—은 수많은 전투를 치르며 살아온 백전노장인 여자의 뇌가 척척 알아서 처리해 나갈 테니

걱정하지 않아도 된다.

일곱, 스킨십을 하라 | 남성의 뇌는 수시로 성적 충동을 느낀다. 공공장소에서 글래머러스한 여자를 발견해도 성적 충동을 느끼는 게 남자다. 예쁜 여자가 지나가면 남자의 뇌는 자신도 의식하지 못하는 사이에 돌아본다. 남자의 뇌는 52초에 한 번씩 성적 충동을 느끼는 반면 여자의 뇌는 하루에 한 번 정도 성적 충동을 느낀다. 그러나 여자의 뇌가 하루에 한 번 정도 성적 충동을 느낀다고 해서 하루에 한 번은 기회가 찾아온다고 오해해서는 안 된다. 여자의 뇌는 여러 가지 조건이 충족되지 않는다면 일주일 내내 성적 충동을 느끼지 않을 수도 있다.

여자의 뇌는 '당신이 신뢰할 수 있는 사람인가?'에 대해서 수시로 의문을 품는다. 아이를 출산하고 난 뒤 무책임하게 가족 곁을 훌쩍 떠나버릴 수도 있기 때문이다. 여자의 마음을 얻으려면 분위기도 맞춰 줘야 하고, 여자의 현재 기분도 맞춰 줘야 하고, 능력 있는 남자라는 사실도 보여 줘야 하고, 미래에 대한 확신도 심어 줘야 한다. 모든 조건이 구비되었을 때 비로소 여자의 뇌는 성적 흥분을 느끼고 당신을 받아들일 준비를 한다.

스킨십은 신뢰감과 유대감을 높이는 훌륭한 방법이다. 여성은 스킨십을 할 때 사랑의 호르몬이라 불리는 옥시토신이 분비된다. 잦은 스킨십은 여자의 뇌를 기분 좋게 만들고, 당신에 대한 신뢰를 점점 높여서, 마침내 마음의 문을 열게 한다.

미국의 저널리스트이자 작가인 짐 비숍은 "여자를 이해하는 유일한 사람이 있다면 그것은 여자이다."라고 했다. 여자는 필요한 게 있어도 남자처럼 직접 대놓고 이야기하지 않으면서 남자가 알아서 해 주기를 바라고, 그것이 충족되지 않으면 내 마음을 몰라준다며 서운해한다. 그러니 남자로서 여자를 정확히 이해하기란 사실상 불가능에 가깝다.

그나마 여자의 뇌를 이해할 수 있는 가장 좋은 방법은 대화다. 여자는 대화를 통해서 문제를 해결하고, 스트레스를 풀고, 정보를 얻고, 유대감을 쌓으며 관계를 구축해 나간다.

여자는 궁극적으로 사랑받기를 원한다. 만약 당신이 여자의 마음을 얻고 싶다면 사랑하는 마음이 우선이다. 나머지는 서툴더라도 그 마음이 변하지 않는다면 대화를 통해서 충분히 해결할 수 있다.

상사에게
호감을 사는 비결

뇌는 카멜레온처럼 변신에 능하다. 어떤 한 가지 일로 인해 직장이 마음에 들 때는 '내가 직장을 다녀야 하는 이유'를 10가지 이상 찾아낸다. 반대로 직장이 마음이 들지 않으면 '내가 직장을 옮겨야 하는 이유'를 역시 10가지 이상 찾아낸다. 셰익스피어는 "여자의 마음은 흔들리는 갈대와 같다."고 했는데 남자의 마음이라고 해서 다르지 않다. 뇌는 객관적이고 이성적이라기보다는 주관적이고 감성적이다. 사실 뇌는 수시로 흔들리면서도 '갈등' 그 자체를 싫어한다. 갈등은 뇌에게 쉴 시간을 주지 않고 계속 생각할 것을 요구하기 때문이다. 직장을 계속 다니거나 그만둬야 하는 이유가 한 가지뿐이라면 왠지 불안하기 때문에 같은 이유를 여러 개 찾아내서 갈등을 종식시키고 뇌의 평화를 찾는다. 그래야 이내 잊어버리고 휴식을 취할 수 있기 때문이다.

직장인이 이직하는 이유 가운데 절대적인 것이 잘못된 대인 관계다. 이로 인한 스트레스는 곧바로 '연봉 불만족'과 '업무 불만족' 등을 불러와서 직장을 옮기라고 부추기고, 결국 이직을 결심하게 만든다. 특히 일 년 이내의 미혼인 신입 사원의 이직률이 높은데 그 이유는 조직 문화에 적응을 못해서기도 하지만 대인 관계에 서툴기 때문이기도 하다. 직장 상사는 학교 선배나 친척 형과는 또 다른 종류의 윗사람이다. 어떻게 보면 지금까지는 한 번도 경험해 보지 못했던 새로운 인류일 수도 있다. 나와는 다른 사람이라고 보기 시작하면 상당히 멀게만 느껴진다. 그러나 직장인이라는 큰 틀에서 놓고 본다면, 직장 상사도 결국은 같은 시간과 공간을 함께 공유하며 살아가는 나와 같은 인간일 뿐이다. 단지 환경이 다르고 입장이 다르다 보니 나의 뇌가 바라보고 인식하는 것과 상사의 뇌가 바라보고 인식하는 것 사이에 크고 작은 차이가 있을 뿐이다.

대인 관계를 잘하려면 내 입장보다는 상대방의 입장에서 생각하려는 역지사지의 정신이 필요하다. 직장에서 상사의 사랑을 받으려면 다음 7가지를 명심하라.

하나, 예의를 차려라 | 모든 인간의 뇌는 '기본'을 중요하게 여긴다. 그 '기본'을 가끔씩 지키지 못하는 나의 입장에서 본다면 사실 별게 아

닐 수도 있다. 사람이 살다 보면 그럴 수도 있지 않은가. 그러나 기본을 지키는 걸 당연시 여기고 있는 직장 상사의 뇌에게 그 '기본'은 기본 이상의 의미를 지닌다. 직장 상사의 뇌는 그 상황을 부풀려서 자질 미달이요, 자신에 대한 도전으로 심각하게 받아들인다.

직장에서 예의는 기본이다. 반드시 지켜야 할 예의는 수없이 많지만 그중에서도 인사, 시간 약속, 감정 처리 등은 특히 명심해야 한다. 인사는 기본 중에서도 기본이라 할 수 있다. 회의시간에 들어가거나 심각한 대화를 주고받는 중이라면 목례도 가능하다. 그러나 특별한 경우가 아니라면 반드시 눈맞춤을 한 뒤, 호칭과 함께 소리 내서 인사하라.

"박 과장님, 안녕하세요!"

외근을 나갈 때에도 눈맞춤을 한 뒤 목적지를 보고하고 나서, 인사하고 나가야 한다. 직장 상사는 부하 직원의 동태를 관리할 책임이 있다. 들어오고 나갈 때는 인사하는 습관을 들여야 한다.

시간 약속은 직장인이 되면 반드시 지키도록 노력해야 한다. 직장은 조직원들에 대한 신뢰를 기반으로 움직이기 때문에 시간 약속을 중시 여긴다. 출퇴근 시간을 어기거나 회의 시간에 늦게 되면 기본적인 신뢰의 틀이 흔들리게 된다. 주말에 상사와 사적인 약속을 했더라도 시간 약속만큼은 반드시 지켜 버릇해야 한다.

감정 처리는 신입 사원은 물론이고 베테랑인 사원도 어려운 일 중

하나다. 상사에게 꾸중을 들었거나 개인적으로 기분 나쁜 일이 있다고 해도 내색해서는 안 된다. 직장은 여러 사람이 함께 사용하는 공간이다. 나의 몸짓과 표정, 말투, 감정 등은 가스처럼 순식간에 퍼져 나간다. 신입 사원이라면 개인적으로 안 좋은 일이 있다 하더라도 내색하지 않고, 밝은 사무실 분위기를 만들기 위해서 노력해야 한다.

둘, 업무 스타일에 맞춰라 | 사람은 저마다 업무 스타일이 있다. 상사의 업무 스타일을 파악할 필요가 있다. 일단 무작정 일을 벌여 놓고 잘못된 점은 현장에서 바로잡아 나가며 일을 추진해 나가는 스타일도 있고, 수없이 계산기를 두드린 뒤에야 조심스럽게 시작하는 스타일도 있다. 또한 긍정적인 마인드를 지니고 있어서 상황을 지나치게 낙관적으로 보는 스타일도 있고, 부정적인 마인드를 지니고 있어서 상황을 지나치게 비관적으로 보는 스타일도 있다. 보고서를 올려도 내용보다 형식이나 격식을 중요시하는 상사도 있고, 장점은 일절 말하지 않고 단점만 늘어놓는 상사도 있고, 수익성보다는 리스크를 유심히 보는 상사도 있다.

업무 스타일부터 파악해 놓아야 상사와 부딪칠 일도 줄어들고, 며칠 밤을 뜬눈으로 지새우며 했던 일을 처음부터 다시 해야 하는 최악의 사태도 미연에 방지할 수 있다. 만약 프로젝트를 추진하는 데 있어서 나의 의견을 강력히 주장하고 싶다면 '상사가 원하는 보고서'와 '내가 쓰고 싶은 보고서'를 따로 만들어서 제출하는 게 현명하다. 그래야만 직장 상사가 나를 무능한 직원으로 보지 않는다.

셋, 시키는 일은 반드시 메모하라 | 상사가 일을 시키면 그 즉시 처리하는 게 좋다. 그러나 나중에 해도 되는 일이라면 그 자리에서 메모하라. 그래야만 상사의 뇌가 안심하고 다른 일에 집중할 수 있다. 메모하지 않고 건성으로 "네, 알겠습니다."라고 대답하면 상사의 뇌는 계속 의심의 눈으로 바라볼 수밖에 없다. 자신 역시 과거에 잊어버리고 일을 제대로 처리하지 못한 경험이 있거나 다른 사람이 제때 일을 처리하지 못하는 경우를 지켜봤기 때문이다.

상사의 뇌는 일단 단기 기억장치에 저장해 뒀다가 시간이 지나면 다가가서 일처리가 어떻게 됐는지 다시 물어볼 수밖에 없다. 서로가 번거로운 일이 아닐 수 없다. 이런 작은 불신이 계속 이어지면 나중에 커다란 불신으로 이어진다. 불신이 걷잡을 수 없는 산불처럼 번지기 전에 미리 방지할 필요가 있다.

넷, 혼자 일하지 마라 | 회사는 독서실이 아니다. 효율적으로 이익 창출을 하기 위해서 임직원 모두가 다함께 힘을 합해서 일하는 곳이다. 일을 처리하는 데 있어서 혼자 끙끙대지 말고 팀원들에게 받을 수 있는 도움을 받고, 다른 부서의 도움이 필요한 일이라면 주저하지 말고 손을 내밀어라. 회사에서는 혼자서 일을 잘 처리하는 사람보다 시스템을 잘 이용하는 사람이 능력을 인정받는다.

상사에게 중요한 일을 지시받았으면 혼자서 처리하려고 하지 말고, 슬쩍 자문을 구하는 척하면서 중간보고를 하라. 상사의 뇌는 부하 직원과의 커뮤니케이션을 간절히 원한다. 상사가 답답한 것은 부하 직원이 일을 제대로 처리하지 못해서가 아니라 소통이 제대로 안 되기 때문이다. 업무 처리 현황과 현재 상태를 알게 되면 상사의 뇌는 부하 직원에게 호의적으로 변한다. 잘못된 점을 바로잡아 줌과 동시에 진행 방향까지 친절히 알려 주고, 나중에 욕먹을 일을 미연에 막아 주니 일석삼조다.

다섯, 배려하라 | 모든 인간은 자신이 기준이 된다. 나의 행동 기준을 바라보는 상사의 뇌 속에는 '내가 부하 직원일 때는 상사를 이렇게 모셨는데…'라는 천칭 저울이 숨겨져 있다. 내가 어떤 행동을 하면 습관적으로 자신의 행동과 비교하게 된다. 그래서 웬만큼 배려해서는 상사의 뇌를 감동시키기 힘들다. 그러나 웬만큼도 배려하지 않는다면 '인간성이 형편없는 인간'으로 전락하게 된다.

시대가 달라져 상사가 어떻게 윗분들을 모셨는지 모르겠다면 가족 드라마에서 주인공이 웃어른 모시듯이 하라. 커피를 마시고 싶다면 혼자만 타 마실 게 아니라 상사에게 먼저 의향을 물어봐야 하고, 과음으로 힘들어 할 때는 슬쩍 숙취 해소제를 내밀 줄도 알아야 한다. 직장 상사는 가족 이상으로 오랜 시간을 함께 보내야 하는 사람이다. 그에 대한 배려는 올바른 관계 구축을 위해서 반드시 필요하다.

여섯, 정보통이 되어라 | 업계 관련 정보에서부터 새로 오픈한 식당의 메뉴까지, 정보에 민감할 필요가 있다. '팔은 안으로 굽기 마련이다.'라는 말도 있듯이 뇌는 인간 그 자체를 냉정하게 판단하지 못한다. 한 사람을 판단하는 데는 여러 가지가 영향을 미치지만 그중 영향력이 강한 것이 바로 '나'라는 천칭 저울이다. 정보통이 되면 일과 아무런 상관없는데도 상사의 뇌는 자신이 갖지 못한 능력을 지닌 부하 직원을 능력 있는 사원으로 인식한다.

일곱, 번거로운 일을 자청하라 | 직장 업무 중에는 누군가 꼭 해야 할 번거로운 일들이 있다. 회사에 밤늦게까지 남아서 국제 전화를 기다려야 한다거나, 밤늦은 시간에 공항에 바이어를 마중 나가야 한다거나, 누군가는 지방으로 문상을 가야 한다거나, 행사 준비를 위해서 주말에 누군가 한 사람은 출근해야 하는 경우처럼.

누군가 해야 할 일이라면 상사가 말을 꺼내기 전에 먼저 자청해서 하는 게 좋다. 상사가 시키게 될 경우, 상사의 뇌는 조직 체계에 의한 명령으로 인식한다. 마음의 평화를 위해서 그 지시를 당연시 여기고 이내 잊어버린다. 그러나 상사가 말을 꺼내기도 전에 자청하게 되면 그 일을 껄끄러워하고 있던 상사의 뇌는 '마음의 빚'으로 여긴다. 마음의 빚이 쌓이게 되면 될수록 인간적으로 점점 잘해 줄 수밖에 없다.

세계적인 철학자인 바뤼흐 스피노자조차도 "나는 다른 사람의 행동을 비웃거나 탄식하거나 싫어하지 않았다. 오로지 이해하려고만 했다."고 고백했다.

사람들은 직위와 입장에 따라서 생각이 달라지기 때문에 상대방의 마음을 공감한다는 것이 말처럼 쉽지 않다. 특히 상사와 부하 직원처럼 업무로 인한 마찰이 빚어질 수밖에 없는 사이라면 더더욱 그렇다.

인간의 뇌는 타인의 입장에서 생각하기보다는 자신의 입장에서 우선적으로 생각하는 경향이 있다. 상사가 부하 직원에게 일을 맡기고, 잘못 처리할 경우 꾸중하는 것은 당연하다. 하지만 막상 당사자가 되면 '나의 입장'에서만 생각하기 때문에 섭섭해 하거나 때로는 분노한다. 직장 생활을 잘하려면 '역지사지'의 지혜가 필요하다. 상대방의 입장에서 보려고 노력하면 사실 크게 섭섭해 할 일도 분노할 일도 아니다.

만약 직장 상사에게 꾸중 들어 참기 힘들 만큼 분노가 솟구치면 재빨리 뇌를 환기시켜야 한다. 뇌는 한 가지에 집착하면 전체적인 상황 판단 능력이 떨어진다. 아전인수식으로 자신의 정당성을 증명하기 위해서 온갖 변명거리를 불러들인다.

잠시 찬바람을 쐬거나 커피를 마시며 다른 생각을 하다 보면 뇌는 자신의 평화를 위해서라도, 어떤 식으로든 상사와 화해의 길을 모색한다.

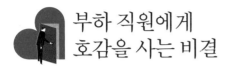

부하 직원에게 호감을 사는 비결

뇌는 탁월한 적응력을 지니고 있다. 한 시간도 살지 못할 열악한 환경 속에서도 여러 날을 꿋꿋이 살아남는가 하면, '개구리 올챙이 적 모른다.'는 말처럼 힘들고 어려웠던 시절도 언제 그랬느냐는 듯이 까맣게 잊고서 살아간다.

직장에서 연륜이 쌓이고 승진을 하다 보면 신입 사원 시절은 이내 잊어버린다. 그러나 낙하산이나 특별 채용이 아니라면 말단 사원이었던 시절이 왜 없겠는가. 뇌가 현재 해야 할 무수한 일들을 처리하다 보니 단지 그 시절을 잊고 있을 뿐이다. 부하 직원에게 존경받고 싶다면 내가 신입 사원이었던 시절을 돌이켜 보라. 직장 상사에게 바라던 것이 무엇이었으며, 어떤 말과 행동을 했을 때 존경스러웠으며, 반대로 어떤 말과 행동을 했을 때 섭섭하고 화가 났는지. 물론 세월이 흘러서 상황이 그때와 똑같을 수는 없겠지만 크게 달라진 것은 없다. 신입 사원일 때는 상관없지만 승진을 해서 상사가 되면 자신이 맡은 일만 묵묵히 해서는 안 된다. 부하 직원들과 소통하고 관리하며 그들이 능력을 최대한 발휘할 수 있도록 도와주어야 한다.

존경받는 상사가 되고 싶다면 다음 7가지를 명심하라.

하나, 비전을 제시하라 | 직위가 어떻든 간에 상사는 리더다. 리더라면 부하 직원에게 비전을 제시할 줄 알아야 한다. 공부하라는 말을 수없이 듣는 것보다 공부해야만 하는 이유를 찾았을 때 공부에 집중하는 것처럼 인간의 뇌는 동기 부여가 확실할 때 몰입한다.

올바른 비전은 조직에 충성하고, 나의 능력을 발휘할 수 있는 동기를 부여한다. 무작정 일만 떠넘겨 주는 사람은 좋은 상사가 될 수 없다. 비전을 함께 공유하고 일을 나눠서 하고 있다는 생각이 들 때 비로소 부하 직원들이 믿고 따른다.

둘, 관심을 갖고 챙겨라 | 인간의 뇌는 자신에게 관심을 가져 주는 사람을 특별히 기억한다. 오랜 세월 같은 공간에서 함께 생활했다 하더라도 자신에게 무관심하면 마음을 열지 않는다. 상사는 업무나 대인 관계 등을 비롯한 여러 가지 면에서 부하 직원보다 유리한 위치에 있다. 조금만 관심을 가지면 부하 직원들에게 감동을 줄 수 있다.

자상한 상사는 부하 직원들의 경조사는 물론이고 사생활까지 일일이 챙겨 준다. 이런 상사는 다소 괴팍하더라도 존경하지 않을 수 없다. 그러나 성격이 워낙 무뚝뚝해서 사소한 것까지 챙길 수 없다면, 부하 직원이 곤경에 처했을 때만큼은 끌어안아 주고 다독여 줘라.

"괜찮아. 내가 모든 걸 책임질 테니까 아무 걱정하지 말고 하던 일이나 계속해!"

"걱정 마, 아무 일 없을 거야! 사람이 살다 보면 실수도 하고 그러는 거야."

조마조마하고 있을 때 들려오는 위로의 한 마디는 평생 잊지 못한다. 이런 상사를 어찌 존경하지 않을 수 있겠는가. 마음을 끄는 것은 이성보다는 감성이다. 설문조사 결과를 보더라도 직장인들이 가장 좋아하는 상사는 인간적인 상사다.

셋, 솔선수범하라 | 부하 직원의 뇌는 본능적으로 능력 있는 상사를 좋아한다. 아무래도 그 편이 직장에서 생존하는 데 유리하기 때문이다. 업무에 탁월한 능력이 있는 상사라면 더할 나위 없이 좋겠지만 그렇지 못하다 하더라도 솔선수범하다 보면 부하 직원들의 마음을 얻을 수 있다.

상사가 되면 예전에는 직접 하던 일도 부하 직원에게 지시를 내리게 된다. 이러한 현상은 위로 올라갈수록 점점 심해진다. 그러나 상사라고 해서 계속 지시만 내린다면 부하 직원의 마음을 얻을 수 없다. 다들 난감해 하거나 처치 곤란한 일에는 앞장설 필요가 있다. 상사가 팔을 걷어붙이고 달려들면 지켜보고만 있을 부하 직원은 없다. 같이 달려들어서 돕기 마련이다.

만약 책임 소재가 불분명해서 부하 직원들이 겁을 먹고 주춤거리거나 내가 지시한 일이 잘못되었다면 잘못을 회피하거나 떠넘기려 하지 말고, 리더의 덕목인 희생정신을 발휘하라.

"박 대리, 걱정 마! 이번 일은 내가 책임진다."

인간의 뇌는 주변 사람의 모든 행동을 일일이 기록해서 종합적으로 분석할 만큼 정밀하지 않다. 한 인간의 이미지는 단 한순간에 정해지기도 한다. 부하 직원의 뇌에 '멋진 상사'라는 이미지가 각인되면 별다른 일이 없는 한 평생 유지된다.

넷, 칭찬을 자주 하라 | 동물의 뇌는 장점보다는 단점을 찾아내는 데 탁월한 능력을 발휘한다. 야생동물들은 사냥할 때 무리 속에 숨겨져 있는 상처 입거나 어린 짐승을 단숨에 찾아낸다. 서로 싸움을 할 때도 단점부터 찾아낸다. 단점을 공략하는 편이 생존에 유리하기 때문이다. 인간의 뇌 역시 생존에 유리하게끔 진화해 왔다. 그래서 자신의 단점은 최대한 감추려 하는 대신 상대의 단점은 쉽게 찾아낸다. 어떤 직장이든 칭찬하는 상사보다는 잔소리를 늘어놓거나 비난하는 상사가 많은 이유다.

부하 직원의 마음을 얻고 싶다면 넓게 보라. 부하 직원은 나의 동료이지 적이나 먹잇감이 아니다. 단점을 발견할 때마다 공격하고 싶겠지만 충동을 최대한 자제하라. 비난이나 힐책보다는 장점이나 잘한 점을 찾아서 칭찬하려고 노력하라. 경험해 봐서 잘 알겠지만 부하 직원이 가장 듣고 싶어 하는 말은 바로 상사의 칭찬이다. 칭찬은 상대를 돋보이게 하면서도 나를 돋보이게 하는 고도의 전략이다. 또한 가장 적은 에너지를 사용해서 상대의 마음을 얻는 가장 효율적인 방법이다.

다섯, 질문을 던져라 | 상사가 되면 발언권이 우선적으로 주어지기 때문에 필요 이상 말을 많이 하게 된다. 내가 하는 말이니 그럴 듯하게 들리겠지만, 그 말들을 정밀하게 분석해 보면 그동안 수없이 반복했던 내용이거나 쓸데없는 설명이나 걱정, 잔소리가 대부분이다.

좋은 상사는 부하 직원들의 잠재된 능력을 최대한 끄집어내는 사람이다. 내 생각을 말하려고 하기보다는 부하 직원에게 발언권을 줘서 아이디어, 열정, 잠재된 능력 등을 최대한 끄집어내라. 그러기 위해서는 경청하는 습관을 길러야 한다.

회의 시간이든 사석에서든 말수를 줄이고 경청하되, 그 대신 질문을 던져라. 뇌는 좋은 질문을 받았을 때 그 질문에 합당한 대답을 하려고 최대한 노력한다. 적절한 질문은 부하 직원의 뇌가 스스로 능력을 발휘해서 상황을 헤쳐 나갈 수 있는 자극제가 된다.

여섯, 믿어라 | 뇌는 사람을 잘 믿지 않는다. 무작정 믿기보다는 일단

의심부터 하고 보는 게 생존에 유리하기 때문이다. 그러나 불신은 대개 일을 그르치게 하는 발단이 된다.

상사가 되면 업무 전반에 대해 해박해져서, 부하 직원에게 일을 시키고 나서도 제대로 해 낼까 싶어서 불안하다. 함께 직장 생활을 하는 동안 관련 데이터가 쌓여서 유능한 인재라는 확신이 생겼다고 하더라도 남의 손에 중요한 일을 맡기면 여전히 불안해하는 게 인간이다. 그런데 아무 데이터가 없거나 오히려 실패한 전력이 있는 직원이라면 불안감은 눈덩이처럼 커져만 간다.

일을 성사시키는 첫걸음은 자신감이다. 경험치가 높은 상사가 믿음을 주지 못하면 부하 직원의 자신감은 뚝 떨어지고, 충분히 할 수 있는 일도 망치고 만다. 안 좋은 예감이 안 좋은 결과를 낳는 사례라 할 수 있다.

리더의 첫 번째 덕목은 인재 관리다. 인간의 능력은 리더에 따라서 100% 이상 발휘되기도 하고, 10%도 채 발휘되지 않기도 한다. 일을 맡겼으면 부하 직원을 믿어 줘야 한다. 일을 맡은 부하 직원도 불안해하고 있을 텐데 상사가 안절부절못하면 일이 제대로 진행될 리 없다. 만약 정 불안하다면 중간 점검을 통해서 적절한 조언을 해 주는 편이 바람직하다.

"이 일의 적임자는 이 대리야. 반드시 해낼 거라고 믿네!"

"왜 이렇게 불안하지? 이 대리, 정말 해낼 수 있겠어?"

당신은 과연 어떤 유형의 상사인가?

일곱, 공부를 멈추지 마라 | 직장이라는 곳 자체가 업무를 처리하는 곳이다 보니 상사의 카리스마는 업무에서 나온다. 업무와 관련해서는 최신 정보든 지식이든지 간에 부하 직원에게 뒤쳐져서는 안 된다. 정보화시대이다 보니 업데이트를 수시로 하지 않으면 이내 죽은 지식이 된다.

현장에서 몸담고 있다가 승진해서 관리직이 되었다면 사무실에서만 머물지 말고 자주 현장에 나가 봐야 한다. 그래야 감이 떨어지지 않고, 부하 직원들의 고충을 진심으로 이해하고 공감할 수 있다.

인간의 뇌는 자신과 닮은 사람을 좋아하고, 뒤에서 오는 사람보다는 앞에서 가고 있는 사람을 좋아한다. 부하 직원으로부터 존경받으려면 항상 한 걸음 앞서 나가야 한다. 행여 그들보다 뒤처진다는 인상을 주게 되면 존경심은커녕 회사에서 설 자리를 잃게 된다.

프랑스의 모럴리스트 라 브뤼에르는 "우리가 타인을 인정하는 까닭은 나와의 공통점을 타인에게서 느끼기 때문이다. 누군가를 존경한다는 것은 그 사람을 나와 동등하게 보는 것일지도 모른다."고 했다. 뇌는 누군가로부터 존경받고 싶어 하지만 누군가를 진심으로 존경하지는 않는다. 나의 능력은 과대평가하면서도 상대의 능력은 과소평가하려는 경향이 있기 때문이다. 따라서 부하 직원의 존경을 받고 싶다면 마음을 열고 다가오기를 기다리기보다는 나부터 마음을 열고 다가가야 한다.

마음의 문을 열고 닫는 것은 여러 가지가 있지만 세월이 흘러도 변하지 않는 것은 바로 '인간적인 매력'이다.

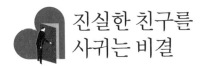

진실한 친구를 사귀는 비결

　사실 친구를 사귀는 일은 어렵지 않다. 인간은 본능적으로 다른 사람과 가까이 지내려는 친화 욕구가 있는 데다 뇌가 친구를 좋아하기 때문이다. 인간은 경험적으로 혼자서 외롭게 살아가기보다 무리지어 살아가는 편이 생존에 여러모로 유리하다는 사실을 알고 있다. 실제로 친구는 수명과도 밀접한 관계가 있다. 친구가 많은 사람은 홀로 고독하게 살아가는 사람보다 장수할 확률이 높다. 뇌는 혼자 있으면 온갖 망상을 불러들인다. 불안과 고독 속에서 몸부림치다가 심한 경우 우울증에 걸리기도 한다. 하지만 친구와 함께 있으면 즐겁고 편안하다. 다소 부정적인 면이 있는 사람도 친구와 함께 있으면 긍정적으로 변한다.

생텍쥐페리는 "좋은 벗은 만들어지는 것이 아니다. 공통된 수많은 추억, 함께 겪은 수많은 괴로운 시간, 수많은 어긋남, 화해, 마음의 격동… 우정은 이런 것들로 이루어지는 것이다."라고 했다. 친구란 좋은 시절에 잠깐 만나는 그런 사이가 아니다. 긴 세월 희로애락을 함께 겪은 사이다. 그래서 친구와 포도주는 오래될수록 좋다고 한다.

진실한 친구를 사귀고 싶다면 다음 7가지를 명심하라.

하나, 진실한 사람이 되어라 ㅣ 친구는 거울에 비친 나의 모습과 크게 다르지 않다. 그래서 흔히들 '친구를 보면 그 사람을 알 수 있다.'고 한다. 유유상종이라고 친구는 비슷한 사람끼리 만나게 되어 있다. 비슷한 점보다 다른 점이 지나치게 많을 경우, 뇌가 항상 긴장해야 하기 때문에 그런 관계는 친구로 발전할 수 없다.

좋은 친구를 사귀고 싶다면 나부터 좋은 친구가 될 마음의 준비를 갖추어야 한다. 진실한 친구를 사귀고 싶다면 나부터 진실해져야 한다. 인간은 살아가면서 원하든 원하지 않든지 간에 거짓말을 하며 살아가게 되어 있다. 진실한 사람이 되려면 불필요한 거짓말을 줄여야 한다. 진실을 말해서 다른 사람의 기분을 상하게 할 경우나 선의의 거짓말이 아닌 한 진실을 말해 버릇하라. 뇌는 거짓말을 한 번 하기 시작하면 점점 더 많은 거짓말을 생각해 내고, 진실을 말하기 시작하면 점점 더 많은 진실을 생각해 낸다. 내가 진실한 사람이 되면 뇌는 진실한 사람을 알아본다.

둘, 먼저 다가가라 | 내향적인 사람은 다가오기를 기다리는 경향이 있는데 사귀고 싶은 친구가 있다면 먼저 다가가라. 눈을 맞추고, 인사를 건네고, 자연스럽게 말을 붙이면 된다. 공통된 화제를 꺼내 대화하고, 함께 시간을 보내다 보면 내가 생각했던 진실한 친구인지 아닌지 금세 드러난다.

등 뒤에서 다른 사람을 비방하기를 좋아하는 사람은 멀리하라. 내가 없으면 나를 비방할 게 분명하다. 지나치게 재물을 밝히는 사람은 멀리하라. 필요하다면 우정을 내팽개치고 재물을 선택할 사람이다. 사람을 이용하려는 사람은 멀리하라. 자신의 욕망이나 기쁨을 위해서 친구를 이용할 사람이다.

먼저 다가가되 질이 안 좋은 친구라는 판단이 서면 관계가 깊어지기 전에 멀리하는 게 좋다. 좋은 친구는 행운을 불러오지만 나쁜 친구는 반드시 재앙을 불러온다.

셋, 자기 노출을 하라 | 죽마고우란 서로가 공유할 추억이 많은 사이다. 어렸을 때 사귄 친구라면 많은 공통점을 지니고 있으리라. 스무 살이 넘어서 사귀는 친구라면 서로 공통점을 찾아나가는 게 좋다. 취미, 성장환경, 좋아하는 스포츠, 좋아하는 음악이나 영화 등은 연대감을 준다. 나이 먹고 친구를 사귀기 어려운 까닭은 뇌가 변화 자체를 싫어하기 때문이다. 진실하게 마음을 터놓고 사귀고 싶은 친구가 있다면

'자기 노출'을 할 필요가 있다. 개인적인 이야기나 가족사, 비밀, 콤플렉스, 실패담, 평소 생각 등을 숨김없이 털어 놓아라. 자기 노출을 하면 상대방도 그에 대한 보답으로 자기 노출을 하게 되어 있다. 진실한 관계는 이런 과정을 통해서 깊어져 간다.

넷, 기대의 폭은 줄이고 배려의 폭은 넓혀라 | 뇌는 보상 심리에 길들여져 있다. 내가 이만큼 해 주면 상대도 그만큼 해 줘야 한다고 생각한다. 이러한 보상 심리는 자칫하면 친구 관계에 금이 가게 할 뿐만 아니라 '배신'이라는 쓰라린 감정의 소용돌이 속으로 몰아넣는다.

진실한 친구를 사귀고 싶다면 기대의 폭은 줄이고 배려의 폭은 넓힐 필요가 있다. 내가 열을 해 주면서 상대가 열을 해 주기를 바란다면 친구로부터 배신당할 확률이 높다. 그러나 내가 열을 해 주면서 상대가 하나만 해 주기를 바란다면 배신당할 일은 없다.

친구 관계뿐만 아니라 대인 관계는 '손해 보는 마음'으로 해야지만 무난한 결실을 맺을 수 있다. 물론 때로는 섭섭한 감정이 들겠지만 친구의 입장에서 생각해 보려고 노력하라. "친구에게서 기대하는 것을 친구에게 베풀어야 한다."는 아리스토텔레스의 명언처럼 친구에게 베풀다 보면 관계가 진실해진다.

다섯, 약점을 사랑하라 | 인간은 불완전한 존재이다. 누구나 크고 작은 콤플렉스를 안고 살아간다. 적은 그 약점을 공격하는 사람이고, 친구는 그 약점을 감싸 주는 사람이다.

모든 것은 뇌가 생각하기 나름이다. 내가 친구의 약점을 부끄러워하기 시작하면 약점만 보이고, 친구의 약점을 사랑하기 시작하면 모든 것이 사랑스러워 보인다. 진실한 관계란 서로의 부족한 점을 채워 줄 때 비로소 성립된다.

여섯, 꿈을 응원하라 | 성인이 되었는데도 아무런 꿈도 없는 자는 사귀지 마라. 그런 친구는 늪과 같아서 나까지도 현실에 안주하게 만든다. 친구란 손을 잡고 먼 길을 함께 걸어가는 사이다. 친구의 꿈을 진심으로 응원하고, 도와 줄 수 있는 일이 있다면 최선을 다해서 도와라. 친구가 잘된다고 해서 나도 잘된다는 법은 없다. 그러나 진실한 사이라면 친구의 성공이 나에게도 자극제가 되기 때문에 최소한 더 나빠지지는 않는다.

일곱, 나와 다름을 받아들여라 | 친구는 거울과 같다고 하더라도 모두 같을 수는 없다. 같은 점에서 출발했다고 하더라도 세월이 흐르면 아주 다른 세계에 몸담게 된다. 환경이 바뀌면 생각이 바뀌고, 생각이 바뀌면 사람이 다르게 느껴진다.

나와 다르더라도 그 '다름'을 인정하고 받아들여야 진실한 관계로 이어진다. 서로가 다른 분야에서 일을 하더라도 서로의 열정을 부러워하며 진실한 교제를 하는 사람들이 상당히 많다. 특히 현대 사회는 융·복합의 시대이기 때문에 나와 다른 분야에서 일을 하는 친구를 사귀어 두면 멋진 영감을 얻을 수 있다.

독일 고전주의 작가인 프리드리히 실러는 "친구는 기쁨을 두 배로 키워 주고, 슬픔은 반으로 줄여 준다."고 했다.

뇌는 혼자 있을 때보다 다른 사람과 함께 있을 때 더 큰 기쁨을 느낀다. 또한 뇌는 다가오지 않은 불행이나 다가오고 있는 불행에 대해서 미리 걱정하고 염려하는데, 이는 불행이 닥쳤을 때의 충격을 완화하기 위함이다. 불행한 일이나 슬픈 일이 있으면 친구에게 모두 털어놓아라. 그러면 정말로 불행이나 슬픔의 크기가 한결 가볍게 느껴진다.

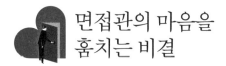

면접관의 마음을
훔치는 비결

산업화 시대에서 지식정보화 시대로 넘어가면서 우리의 삶 속에 수많은 변화가 일어나고 있다. 급격한 기술 발달로 인해 변화가 빠르게 진행되다 보니 정책이 제대로 쫓아가지 못하고 있는데 그중 하나가 바로 일자리다. 새로운 직업도 생겨났지만 기존 직업이 아예 사라지거나 인력이 축소되어, 전체적으로는 양질의 일자리가 점점 줄어들고 있다.

신입사원 수가 줄어든 반면 인재가 넘치다 보니 직원을 뽑는 데 있어서 면접의 중요성이 커졌다. 과거에는 스펙 위주의 지원자를 선별해서 인성 위주의 면접을 거쳐 직원을 선발했다. 그러나 지금은 인성은 기본이고 일을 잘하는 인재, 기업에서 원하는 인재를 선발하기 위한 면접으로 바뀌어 가고 있다. 지원자들이 철저히 준비해 가지 않는다면 서류를 통과한다 해도 면접에서 번번이 고배를 마실 수밖에 없다.

입장이 다르면 문제를 바라보는 뇌의 시선이 달라진다. 면접을 잘 보기 위해서는 먼저 나의 뇌와 면접관의 뇌가 다름을 인정해야 한다. 과거처럼 나의 입장에서만 면접을 준비하면 백전백패할 수밖에 없다. 면접관의 뇌를 충분히 이해하고, 그가 지니고 있는 기준을 충족시키기 위해서 노력해야 한다.

먼저 공기업과 대기업, 중견기업, 중소기업, 외국계 기업의 차이점과 장단점을 파악할 필요가 있다. 입사하고 싶은 순서보다는 나의 인생관이나 성격과 잘 맞는 순서를 정한 뒤에 입사할 기업을 선별하는 게 좋다. 취업 자체가 어렵다고 해서 무차별적으로 지원하게 되면 입사해도 이직하게 될 확률이 높다.

인재상은 기업에 따라서, 지원하는 부서에 따라서 조금씩 다르다. 취업하기까지의 과정도 스트레스지만 취업을 했는데 업무 자체가 나의 인생관이나 성격과 맞지 않는다면 그것 또한 심각한 스트레스다. 입사하고자 하는 회사 업무가 나의 인생관이나 성격과 맞는지부터 충분히 검토해 볼 필요가 있다. 그래야 면접을 통과하기도 쉽고 직장 생활도 즐겁다.

직업을 고를 때는 나의 뇌를 충분히 고려해야 한다. 세상사 마음먹기 나름이라고는 하지만 인간의 뇌는 하루아침에 완성되지 않는다.

나쁜 습관을 하루아침에 뜯어고칠 수 없듯이 오랜 세월에 걸쳐 형성된 인생관이나 성격은 마음먹는다고 해서 쉽게 고쳐지지 않는다. 사람을 만나는 것 자체가 스트레스인 사람은 영업직을 피해야 한다. 정신이 산만한 사람은 관리직을 피해야 하고, 조심성이 부족한 사람은 생산직을 피해야 한다. 그리고 지원 분야에 따라서 면접 준비도 달리 해야 한다. 영업 분야의 면접에서는 대인 관계, 대화술, 적극성을 중시 여긴다. 관리 분야는 도덕성, 섬세함, 사회성을 중시 여긴다. 생산 분야는 기능성, 정확성, 책임감을 중시 여긴다.

성공적인 면접을 위해서는 다음 10가지를 명심하라.

하나, 나만의 스토리를 만들어라 | 자기소개서는 면접관과의 1차 만남이다. 첫 만남이니만큼 좋은 인상을 심어 줄 필요가 있다. 자기소개서에는 기업이 알고 싶어 하는 항목이 들어 있어야 한다. 기업은 기본적으로 지원자의 인생관, 성격, 열정, 책임감, 리더십, 사회성, 창의성, 의사 결정 능력, 근성 등을 알고 싶어 한다. 이러한 항목들이 살아온 인생History 속에 자연스럽게 녹아 있어야만 훌륭한 자기소개서라 할 수 있다.

자기소개서를 쓸 때는 면접관의 뇌를 고려할 필요가 있다. 나는 한 편의 자기소개서를 제출할 뿐이지만 면접관은 수많은 자기소개서를 읽는다. 천편일률적인 자기소개서에서 탈피해서 차별화할 필요가 있다. 개성이 없는 자기소개서는 면접관의 뇌에게는 그저 잉크가 인쇄된 수많은 종이 몇 장에 불과할 뿐이다.

내용을 담을 때도 전략이 필요하다. 나의 뇌는 기승전결에 익숙해져 있어서 순차적으로 조리 있게 이야기를 풀어나가고 싶어 한다. 하지만 면접관의 뇌는 읽어야 할 수많은 자기소개서 때문에 스트레스를 받고 있는 상황이다. 순차적으로 풀어쓴 자기소개서를 읽다 보면 면접관의 뇌는 다급한 마음에 '그래서 뭐? 어쨌다고?'라고 되묻게 된다. 글을 쓸 때는 결론을 뒤에 내리는 미괄식보다는 앞에서 내리고 시작하는 두괄식을 사용하는 편이 좋다.

물론 내용이 중요하지만 편집에도 신경 쓸 필요가 있다. 전체적인 이야기가 한눈에 들어오도록 눈에 띄는 소제목을 달거나 필요한 부분만 발췌해서 읽을 수 있도록 글자색을 달리하면, 눈에도 띄고 심플한 이미지도 남길 수 있다.

둘, 사전 조사를 하라 | 입사 회사에 대한 사전 조사는 필수다. 제일 먼저 회사 홈페이지에 들어가 보라. 어떤 제품을 만들고, 직원들은 무슨 일을 하고 있는지 구체적으로 파악하라. 그런 다음 인터넷으로 회사 관련 뉴스, 정보, 광고 등을 검색해서 소비자의 눈으로 꼼꼼히 살펴보라. 마지막으로 매장에 가서 회사 주력 제품의 판매 현황과 경쟁사와의 차이, 개선점 등을 찾아보라.

다소 번거롭지만 이러한 준비 과정을 거치게 되면 자신감이 생기면서 면접에 대한 긴장감도 풀어진다. 또한 면접에서 뜬구름 잡는 식의 대답이 아닌 실질적인 대답을 할 수 있다.

셋, 용모와 복장에 신경 써라 | 내가 좋아하는 옷과 면접관이 좋아하는 옷은 따로 있다. 면접관의 뇌는 자신의 취향보다는 회사 입장을 고려해서 직원을 뽑아야 한다는 기본적인 마인드를 지니고 있다. 따라서 개인적으로는 옷차림과 용모가 마음에 들더라도 회사 일꾼을 선발하는 자리이기 때문에 튀는 스타일보다는 안정감을 주는 옷차림을 좋아한다.

용모나 헤어 역시 마찬가지다. 기업은 탤런트나 모델을 선발하는 게 아니기 때문에 지나치게 멋을 부리거나 지나치게 여성미를 강조한 지원자는 좋아하지 않는다. 당장 업무에 투입한다 해도 조직원들 속에 자연스럽게 섞일 수 있을 정도의 기본적인 용모를 갖추는 게 좋다.

넷, 첫인상에서 좋은 점수를 받아라 | 면접은 대기실에 들어서는 순간부터 시작된다. 늦어도 면접 시간 10분 전에는 도착해 있어야 한다. 대기실에서 지원자끼리 나누는 대화는 물론이고, 다리를 떨고 있거나 휴대폰을 만지작거리고 있는 모습 등이 모두 관찰 대상이 된다. 지나치게 말이 많으면 산만해 보이고, 지나치게 긴장해 있으면 소심해 보이고, 휴대폰만 계속 들여다보고 있으면 스마트폰 중독자로 오해할 수도 있으므로 차분하게 자기 차례를 기다릴 필요가 있다.

인간의 뇌는 사소한 것으로 그 사람의 전체를 알아보려는 묘한 습성이 있다. 면접관들은 용모와 복장이 무난하면 태도와 자세, 목소리 등을 통해서 지원자들을 평가한다. 첫인상에서 좋은 점수를 받으려면 반듯하면서 활기 넘치는 걸음걸이, 당당한 눈맞춤, 여유로운 미소, 정확한 발음, 자신 있는 목소리, 질문에 대한 적극적인 대답은 기본이다.

면접 내용보다도 의외로 첫인상에서 좋은 점수를 받은 지원자가 높은 점수를 받는 경우가 종종 있다. 심리학에서 말하는 '초두효과' 때문이다. 인간의 뇌는 자신의 '감'을 실제보다 더 신뢰해서, 첫인상이 좋으면 일도 잘할 거라고 제멋대로 믿는 경향이 있는데, 면접에서도 흔하게 발생하므로 좋은 첫인상을 남길 필요가 있다.

다섯, 면접관이 공감할 수 있게 대답하라 | 면접관은 회사 임직원이다. 회사에 대해서 나름대로 불만도 있겠지만 자긍심 역시 갖고 있다. 면접관의 질문에 대답할 때 기업 이념이나 회사의 자랑거리 등을 슬쩍 덧붙이면 면접관이 쉽게 공감한다. 팔은 안으로 굽는 법이다. 면접관의 뇌는 냉정해지려고 해도 회사에 대한 칭찬에는 약할 수밖에 없다.

여섯, 이해할 수 없는 질문은 '모릅니다.'라고 답하라 | 면접 시간은 한정되어 있다. 모르는 질문을 받았을 때 우물쭈물하거나 질문과는 상관없는 이야기를 한없이 늘어놓기보다는 간결하게 "모르겠습니

다!"라고 대답하는 게 좋다. 뇌는 인간이 모든 것을 알 수는 없다는 일반적인 사실에 동조하고 있다. 면접 과정에서 한 번쯤 모르겠다고 대답한다고 해서 감점을 받지는 않는다. 오히려 정직한 지원자라는 인상을 심어 줄 수 있다.

일곱, 간결하게 대답하라 | 어떤 분야든 많이 아는 사람은 간결하다. 어설프게 알거나 모르면서 아는 척하는 사람일수록 길게 이야기하는 법이다. 말을 필요 이상 많이 하는 사람은 '입이 가볍다'거나 '말만 앞세우는 사람이다'라는 인상을 심어 줄 수 있다. 그렇다고 면접관의 질문에 단문으로 대답하면 곤란하지만 지나치게 길게 이야기하는 것도 곤란하다. 내가 대답을 길게 하면 할수록 다른 지원자들에게 할애해야 할 시간을 잡아먹기 때문이다.

평상시에 신문 사설 등을 많이 읽고, 대답할 때는 기승전결로 간결하게 대답하는 습관을 기를 필요가 있다. 복잡한 생각을 정리해서 간결하게 대답하면 대답한 것 이상의 지식을 갖고 있는 듯 보이고, 사람 자체도 심플해 보인다.

여덟, 실용적인 지식을 보여 줘라 | 면접 시간도 길어지고 면접 횟수도 늘어나면서 실용적인 지식으로 무장한 지원자가 최종 합격하는 확률이 높아지고 있다. 실용적인 지식을 쌓기 위해서는 평상시 다양한 독서를 하고, 두 종류 이상의 신문을 읽고, 경제 주간지를 구독하라.

사실 단순 지식은 그 자체만으로는 활용도가 낮다. 단순 지식들을 시대별로 상황별로 나눠서 종으로 횡으로 엮을 때 실제적인 힘을 발휘하게 된다. 평상시 새로운 지식을 접하면 그 지식을 암기하는 데 그칠 게 아니라 다른 지식과 접붙여서 현실적으로 활용할 수 있는 방안에 대해 연구하는 자세를 길러야 한다.

아홉, 질문하라 | 면접이 끝날 때쯤 면접관으로부터 "회사에 대해서 궁금한 점이 있으면 물어 보세요."라는 질문을 받게 된다. 이때 침묵하기보다는 질문을 하는 쪽이 더 유리하다. 잘만 활용한다면 내가 회사에 대해서 얼마만큼의 애정을 갖고 있는지를 충분히 보여 줄 수 있다.

면접 과정에서 궁금했던 점을 물어보기보다는 회사에 대해서 미리 공부하고, 연구해 간 내용을 질문하는 게 좋다. 소비자의 입장에서 본 광고의 장점과 단점이나 제품의 개선점 내지는 새로운 마케팅 방식에 대한 의견을 개진한다면 면접관의 뇌는 한순간 지원자라는 사실을 잊고서 동료로 받아들인다. 마지막 대답이기 때문에 회사에 애정을 갖고 있으며 통찰력을 갖춘 지원자라는 인상을 심어 줄 수 있고, 최신 효과에 의해서 최종 평가 때 좋은 평을 받을 수 있다.

열, 당황하지 마라 | 심리에 능통한 면접관이 상당수다. 면접관은 지원자가 말하는 내용을 들으면서도 심리 상태를 엿보기 위해서 자세, 태도, 표정, 말투, 목소리 등을 유심히 살핀다. 대답을 실수했거

나 설령 거짓말을 했다고 하더라도 혀를 내밀거나 면접관의 눈치를 살피거나 뒤통수를 긁적거리는 식으로 티를 내서는 안 된다. 압박 면접 시에도 면접관의 다그침에 당황하지 마라. 잘못된 대답을 계속 추궁할 때에는 솔직하게 잘못을 시인하라. 자신의 잘못을 솔직히 인정하는 것 또한 용기다.

면접이 끝나면 스스로 망쳤다고 판단해서 고개를 푹 떨구거나 혼잣말을 중얼거리거나 시무룩한 표정으로 면접장을 나서는 지원자들이 종종 있는데 절대 속마음을 드러내지 마라. 면접은 인간이 하는 일이기 때문에 의외의 결과가 나오기도 한다. 경기가 끝날 때까지 끝난 것이 아니듯이, 합격자 발표가 날 때까지는 끝난 것이 아니다.

뇌는 자신이 믿고 싶은 것만 믿는다. 그래서 목사에게 똑같은 설교를 들어도 어떤 사람은 광신도가 되고, 어떤 사람은 무신론자가 된다. 프랑스 사실주의 문학의 거장인 발자크는 "사람의 얼굴은 하나의 풍경이다. 한 권의 책이다. 용모는 결코 거짓말을 하지 않는다."고 했다. 발자크의 말이 틀릴 수도 있음을 알면서도 면접관의 뇌는 이런 말들을 믿는다. 아무것도 믿지 않는 것보다는 그것이 비록 검증되지 않은 이론일지라도 일단 믿는 쪽이 면접관으로서 더 유능해 보이기 때문이다.

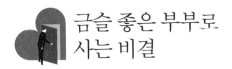

금슬 좋은 부부로 사는 비결

유사한 뇌 구조를 지닌 동성 친구끼리도 한집에 살거나 여행을 다니다 보면 자주 다투게 된다. 더구나 뇌 구조 자체가 다른 이성과 한 공간에서 살을 부비며, 사이좋게 살아간다는 게 사실 말처럼 쉽지 않다. 세간에서는 거문고와 비파처럼 아름다운 화음을 이루며 살아가는 부부를 '금슬琴瑟 좋다'고 말한다. 많은 이들의 부러움을 사기도 하는데, 금슬 좋은 부부도 엄밀하게 따지고 보면 세 종류로 나눌 수 있다.

첫 번째는 부부 중에 어느 한쪽이 일방적으로 맞춰 주는 경우다. 같이 맞서면 목소리가 높아지고 분쟁이 일어나기 때문에 일종의 '져주기 수법'인데, 이런 부부는 사이가 좋을 때 전환점을 모색해야 한다. 겉으로는 평화로워 보이지만 폭탄을 안고 있기 때문에 이런 관계가 계속

되면 한쪽이 스트레스로 인해 속병을 앓거나 대판 싸우다가 헤어지게
된다. 일본에서 황혼 이혼이 유행했던 이유도 어느 한쪽이 평생을 참
고 살아왔기 때문이다.

두 번째는 수많은 부부 싸움을 거치면서 남녀의 근본적인 차이와
성격 차이를 알게 된 경우다. 그러나 저마다 자기가 잘났다고 주장하
는 세상이다 보니 이런 부부는 실상 그리 많지 않다. 이 경지에 이르기
도 전에 대다수가 갈라선다.

세 번째는 처음부터 남녀의 차이를 인식하고 있고, 결혼 후에도 나
와의 다름을 인정하면서, 그 차이를 좁히려고 서로 노력하는 경우다.
요즘 젊은 세대에서 많이 발견되는 새로운 유형의 부부라 할 수 있다.

인생은 누구에게나 한 번뿐이다. 풍요로운 인생을 살아가고 싶다면
지식보다는 지혜를 발휘하며 살아야 한다. 금슬 좋은 부부로 살고 싶
다면 다음 13가지를 명심하라.

하나, 차이를 인정하라 | 부부는 '우린 하나가 되었다.'를 의미하는 게
아니다. '우린 하나가 되기 위해서 노력할 준비가 되어 있다.'는 걸
의미한다. 서로의 노력 없이는 부부로 살아갈 수 없다.

남녀는 뇌 구조가 근본적으로 다르다. 서로에 대한 실망이 점점 더
커지기 전에 그 차이를 인정하고, 서로의 성격 차이를 좁혀 나가기
위해서 노력해야 한다.

둘, 상대를 배려하라 | 뇌는 자신의 생존을 목표로 삼다 보니 자기 위주로 생각하는 이기적인 경향이 있다. 타인에 대한 배려는 제1차가 아닌 제2차나 제3차다. 항상 우선순위는 나 자신이다. 똑같이 힘든 일을 겪어도 나의 고충을 알아 줬으면 하는 마음이 우선이다. 이것이 금슬 좋은 부부보다 관계가 안 좋은 부부가 더 많은 이유다.

부부는 '일심동체一心同體'라고 한다. 마음도 하나고, 몸도 하나이니 곧 나 자신과 다름없다. 내가 피곤하면 '아, 이 사람도 피곤하구나!'라고 생각하면 맞고, 내가 먹기 싫은 음식은 '아, 이 사람도 먹기 싫겠구나!'라고 생각하면 맞고, 하기 싫은 일은 '아, 이 사람도 하기 싫겠구나!'라고 생각하면 대부분 맞다.

"당신, 많이 피곤하지? 이 일은 내가 할 테니까 눈 좀 붙여."

다소 힘들고 피곤하더라도 나 자신을 챙기듯이 알뜰살뜰 챙겨 주다 보면 부부 관계가 좋아질 수밖에 없다.

셋, 감사하고, 감사하라 | 부부로 함께 살다 보면 서로 보이지 않는 도움을 주고받는다. 아이를 낳아서 기르는 일이나 한 사람이 아플 때 밤새 옆에서 간병해 주는 일들은 부부이기 때문에 가능한 일이다. 대수롭지 않게 여겨서 그렇지 곰곰이 생각해 보면 감사할 일이 한두 가지가 아니다. 그러나 마음만 갖고 있으면 소용없다. 서로에 대해서 잘 아니 말하지 않아도 알 것 같지만, 말하지 않으면 절대로 모른다. 고마움을 느낄 때는 표현하라. 감사하는 마음은 상대를 빛나게 하고

나를 빛나게 한다.

넷, 같은 말이라면 예쁘게 하라 | 부부 싸움의 발단은 대개 미숙한 대화에서 시작된다. 같은 말이라도 어떤 식으로 표현했느냐에 따라서 듣는 사람의 기분은 완전히 달라진다. 대개는 순화하지 않고 무심코 툭, 던진 말이 불씨가 되어 부부 싸움으로 번진다.

"장모님이 아프시다니 친정에 가는 건 이해하지만… 내 아침밥은 어떻게 해?"

상대방이 처한 입장을 먼저 충분히 고려해야 하는데, 여러 가지 생각이 머릿속에서 교차하다 보면 무심코 이런 식의 말을 내뱉게 된다. 결국 "당신 어머님이 아프셔도 아침밥 타령할 거예요?"라는 반격을 받게 되고, 뒤늦게 변명을 늘어놔 봤자 부부 싸움은 피할 수 없다. 남자의 뇌는 언어적인 면에서 여자의 뇌보다 덜 발달되어 있기 때문이다. 대화를 할 때는 텔레비전을 보거나 신문을 보거나 하지 말고, 대화에만 집중할 필요가 있다. 그래야만 상대방의 입장을 최대한 고려해서 예쁜 말을 추려서 할 수 있다.

다섯, 대화 시간을 늘려라 | 부부가 이혼하는 사유를 보면 가장 많은 것이 성격 차이다. 성격 차이를 좁힐 수 있는 가장 큰 비결이 바로 대화다. 그런데 우리나라 부부 10쌍 중 4쌍은 하루 30분 이내의 대화를 나눈다고 한다. 늦은 귀가나 주말 근무가 가장 큰 이유지만 집에 있어도 각자 TV를 시청하거나 스마트폰을 하느라 대화 자체를 하지 않는다.

함께 살다 보면 화날 때도 있고, 서운한 점도 생기게 마련이다. 대화를 자주 나누는 부부는 대화를 나누며 어떤 식으로든 해소한다. 그러나 대화를 나누지 않는 부부는 자신의 잘못을 인정하기보다는 '성격 차이'라는 이유를 들어서 그 문제 자체를 덮어 버리려 한다. 이런 일들이 몇 차례 반복되다 보면 결국 '성격 차이'로 이혼하게 된다.

부부가 함께 있으면 무슨 말을 해야 할지 모르겠다는 사람도 있는데 그건 상대방에게 무관심하기 때문이다. 배우자의 관심사나 일정에 관심을 갖고 챙겨 주려다 보면 자연스럽게 대화가 늘어난다.

"오늘 처형 문병 갔다 왔지? 처형은 좀 어때?"

"당신도 피곤할 텐데 이 시간에 무슨 저녁을 차린다고 그래. 우리 모처럼 만에 외식하는 건 어때?"

한 가지 명심할 점은 대화하려는 나의 시도를 배우자가 받아주지 않더라도 쉽게 포기해서는 안 된다는 것이다. 부부라도 기분이 항상 같을 수는 없다. 나는 대화하고 싶은데 상대가 혼자 있고 싶어 할 때도 있고, 상대가 대화하고 싶은데 나는 쉬고 싶은 때도 있다. 처음에는 어긋나더라도 꾸준히 시도하다 보면 대화가 점점 늘어나고, 서로의 마음을 알아가게 된다.

여섯, 칭찬을 자주 하라 | 대인 관계에서 칭찬은 기계의 윤활유와 같다. 기름칠을 하지 않으면 기계가 점점 뻑뻑해지듯이 칭찬을 하지 않으면 관계가 점점 굳어간다. 마찬가지로 부부 관계에서도 칭찬을

잘 활용하면 큰 힘이 된다. 어려운 상황에 놓여 있을 때 "나는 당신을 믿어요!"라는 칭찬은 보이지 않는 힘을 주고, 중요한 일을 결정하러 가는 날 "당신, 오늘 참 멋있어요!"라는 칭찬은 자신감을 심어 준다. 멋진 부부는 우연히 만들어지는 것이 아니다. 서로의 역할에 대한 존경이 담겨 있는 칭찬은 멋진 부부를 만드는 힘이 된다.

"나는 당신을 참 존경해! 회사 일도 힘들 텐데 집에 오면 육아며 가사도 도와주려고 노력하잖아. 난 그 점을 정말 고맙게 생각해.", "당신 음식은 나 혼자만 먹기는 정말 아까워. 어떻게 이런 맛을 낼 수가 있어?" 부부가 맡은 역할은 당연히 해야 할 일이지만 서로가 당연시 여긴다면 왠지 모르게 기운이 빠질 수밖에 없다. 인간의 뇌는 인정받으면 받을수록 더 잘하려고 하는 경향이 있다. 그러니 칭찬을 아끼지 마라.

일곱, 애정 표현을 아끼지 하라 | 마음은 샘물처럼 항상 솟아나는 것이기 때문에 살아가면서 마음을 아낄 필요는 없다. 마음을 아끼다 보면 나중에 후회하게 된다. 예전에 부인과 사별한 선배에게 살아오면서 뭐가 가장 후회되느냐고 물었더니 "사랑한다."는 말을 한 번도 해 준 적이 없어서 후회스럽다고 했다. 어떻게 그럴 수 있을까 싶겠지만 뇌는 변화 자체를 싫어한다. 결혼 초창기에 애정 표현을 하지 않는 부부는 별다른 일이 없는 한 평생을 그렇게 살아간다.

생각하는 것과 말하는 것은 또 다르다. 생각했던 것도 말로 표현하고 나면 귀로 듣게 되고 다시 생각하게 된다. 말은 나의 뇌는 물론이고 상대방의 뇌도 세뇌시키는 효과가 있다. "사랑해!"라고 말하면 나의 뇌는 더 사랑하게 되고, 상대방의 뇌는 세뇌되어서 나의 사랑을 의심치 않는다.

여덟, 스킨십을 자주 하라 | 십 년 전만 하더라도 공원이나 거리에서 중년 남녀가 손을 잡거나 팔짱을 끼고 있으면 불륜 관계일 확률이 90%라고 했다. 그러나 세상도 빠르게 바뀌어서 요즘에는 진짜 부부들도 손을 잡거나 팔짱을 낀 채 거리를 활보한다.

부부 관계는 신뢰를 기본으로 하는 관계다. 잦은 스킨십은 스트레스를 줄여 주면서 사랑의 호르몬인 옥시토신과 기분을 좋게 하는 도파민 등을 분비시킨다. 스킨십은 화해의 수단이자 힘들이지 않고 간단하게 신뢰를 쌓을 수 있는 가장 좋은 방법이다.

아홉, 관념에 매이지 마라 | 부부 사이에 절대적인 것은 없다. 현명한 부부는 일반적인 관념에 매이지 않고 상황에 맞게 유연하게 대처해 나간다.

남자는 직장 일을 해야 하고, 여자는 살림을 해야 한다는 것도 일종의 관념이다. 평생직장 개념이 사라져 버린 요즘 같은 시절에는 남편이 실직해 있으면 아내라도 나가서 돈을 벌어야 한다. 관념에 매여서 직장을 다니다 보면 자신의 처지를 한탄하게 되고, 남편이 더없이 무능해 보이고 원망스러워 보인다. 남편 역시 마찬가지다. 살림이나 육아는 여자가 하는 일이라는 관념에서 벗어나서, 아내가 부업으로라도 일을 시작하면 자청해서 집안일을 할 줄 알아야 한다. 잘못된 관념을 버리고 나면 뇌는 스스로 주어진 환경 속에서 행복을 찾아간다. 비록 몸은 힘들지라도 서로에게 감사하게 되고, 더 나은 미래를 향해서 걸음을 옮기게 된다.

열, 장점을 보려고 노력하라 | 부부 모임에서 심심풀이 삼아 "배우자의 장단점이 뭐라고 생각해요?"라고 물어보면 부부 사이를 짐작할 수 있다. 어떤 부부는 앞다투어 서로의 단점을 지적하기 바쁘다. "장점은 없어요?"라고 물으면 그제야 한참을 생각하다가 마지못해 대답한다. 반면 어떤 부부는 곧바로 장점을 늘어놓다가 단점을 물으면 한참 생각한 뒤 "없어요!"라고 대답한다.

원래 남의 떡이 커 보이는 법이다. 자기 남편보다 외간 남자가 멋있어 보이고, 아내보다 외간 여자가 예뻐 보이는 까닭은 단점은 안 보이고 장점만 보이기 때문이다.

뇌가 배우자의 장단점 중 어느 쪽을 집중적으로 보느냐에 따라서 사람이 달라 보이고, 인생이 달라진다. 함께 사는 사람이 단점을 바라보며 수시로 단점만을 강조하면 단점은 커지는 반면 장점은 점점 사라진다. 반대로 장점을 바라보며 수시로 장점만을 강조하면 장점은 커지는 반면 단점은 점점 사라진다.

배우자의 나쁜 습관이나 성격상의 결함 등은 배우자만의 단점이라고 생각해서 배우자를 질책해서는 안 된다. 그러한 단점은 부부가 함께 개선해 나가야 할 문제점으로 인식하고, 개선해 나가기 위해서 함께 노력해야 한다.

열하나, 부부 싸움을 할 때는 문제 해결에 초점을 맞춰라 | 함께 살다 보면 아무리 성격이 좋은 커플이라고 해도 충돌이 없을 수는 없다. 부부 싸움이 벌어졌을 때 갈등 해소에 최종 목표를 두어야지, 이기려고 하거나 이번 기회에 기선을 제압하려고 해서는 안 된다.

문제 해결에 초점을 맞추기 위해서는 내가 화가 난 이유를 정확히 설명해야 한다. 그러기 위해서는 1인칭 화법을 사용하는 게 현명하다. '나는 오늘 저녁에는 기분이 좋았다. 그런데 모임에서 당신이 나에 대해서 이렇게 저렇게 말했을 때 당신이 많은 사람들 앞에서 내 흉을 보는 것 같아서 기분이 몹시 나빴다.'라고 말하면 배우자도 자신이 뭘 잘못했는지 금세 깨닫게 된다.

'당신, 도대체 사람이 왜 그래? 사람 놀려 먹으니까 기분 좋아?'라는 식으로 2인칭 화법을 사용하면 뇌는 자신의 잘못을 인정하기보다는 일단 방어부터 하려고 덤벼든다. '당신은 뭐 잘한 게 있는 줄 알아?'라는 식으로 급한 마음에 맞불을 놓아서 국지전으로 끝날 수 있는 싸움을 전면전으로 확산시키고 만다.

부부 싸움은 승패를 가르는 승부가 아니라 서로를 좀 더 알아가기 위한 과정으로 이해해야 한다. 부부 싸움이 벌어지면 차분하게 대화로 문제를 해결해 가면서 서로의 성격이나 감정을 이해하려고 노력해야 한다.

열둘, 취미 생활을 함께 하라 | 예전에는 부부가 함께 동호회 활동을 하는 경우는 드물었다. 그러나 요즘에는 부부가 함께 가입해서 활동하는 경우를 쉽게 찾아볼 수 있다.

취미 활동을 함께 하면 같이 있는 시간도 늘어나고, 대화도 자연스럽게 늘어나고, 서로에 대해서도 더 잘 알게 된다. 부부의 자산이랄 수 있는 공통점이 늘어나면서 공감대도 늘어나 정도 한층 깊어진다. 성향이나 취미가 제각각이더라도 금슬 좋은 부부가 되려면 여가 활동이든 운동이든지 간에 함께 할 수 있는 취미를 찾아볼 필요가 있다.

열셋, 가정을 최우선 순위에 두어라 | 시간 관리를 잘하는 사람은 우선순위가 확실하다. 우선순위가 세워져 있어야 시간을 관리해서 행복한 인생을 살아갈 수 있다.

현대인 중에는 일과 가정 중에서 어느 쪽을 우선순위에 두어야 할지 몰라 갈등하는 사람들이 의외로 많다. 가정의 행복을 지키기 위해서 밤늦게까지 일한다는 사람도 다수인데 가정을 등한시하다 보면, 가족의 냉대 속에서 일로 인한 극심한 스트레스를 받게 된다. 밤낮으로 일을 해서라도 지키고자 했던 가정 자체를 잃을 수 있다.

가화만사성이라고 하지 않는가. 항상 가정을 최우선 순위에 두어야한다. 회사 사정으로 인해서 어쩔 수 없이 밤낮으로 일에 쫓길 때는충분한 대화로써 배우자에게 먼저 이해를 구해야 한다.

영국 리버풀 대학의 연구진은 부부 160쌍의 사진을 뒤섞어 놓고 11명의 남녀에게 서로 닮은 남녀를 골라보라고 했다. 그런데 놀랍게도 골라낸 쌍의 대부분이 부부였다고 한다. 부부는 희로애락을 함께하는 사이이기 때문에 오래 살면 살수록 닮아간다는 게 연구진의 분석이다. 감정 표현도 비슷해져서 오랜 세월 웃고 찡그리는 표정을 함께 짓다 보면, 얼굴 근육과 주름이 같아져서 인상이 닮아간다는 것이다.

또한 연세대 의대에서 3,141쌍을 조사한 결과 부부는 병도 닮아가는 것으로 나타났다. 오랜 세월 같은 음식을 먹고, 비슷한 운동 습관과 음주나 흡연 습관을 갖고 있다 보면 고혈압, 당뇨, 고지혈증, 복부 비만과 같은 유사한 성인병에 걸린다고 한다.

프랑스 작가인 앙드레 모로아는 "진실하게 맺어진 부부는 젊음의 상실이 불행으로 느껴지지 않는다. 왜냐하면 같이 늙어 가는 즐거움이 나이 먹는 괴로움을 잊게 해주기 때문이다."라고 했다.

싫든 좋든 간에 부부는 인생의 가장 중요한 시기에 한 배를 탄 사람이다. 부부는 촌수로는 무촌이라서 돌아서면 남이라고 하지만, 감히 촌수 따위로 그 관계를 따질 수도 없을 정도로 깊은 사이가 바로 부부이기도 하다.

어떻게 성장해서 어떻게 만났든 간에 금슬 좋은 부부가 되어서 함께 손을 잡고 걸어간다면 아무리 가파르고 험난한 인생길이라도 그 어찌 즐겁지 아니하겠는가.

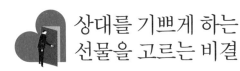

상대를 기쁘게 하는
선물을 고르는 비결

세상에 선물을 싫어하는 사람은 없다. 프랑스의 사회학자인 마르셀 모스가 쓴 《증여론》을 보면 인류는 오래 전부터 선물을 주고받으며 살아왔다. 선물을 주고받는 데는 눈에 보이지 않는 원칙과 의무가 따른다. 선물을 주는 것도 의무지만 받는 것도 일종의 의무다. 또한 받은 자는 언젠가는 반드시 줘야 한다는 의무가 있다.

북서부 아메리카의 인디언 추장들은 선물을 받으면 답례로 더 많은 선물을 주는 것을 의무라고 생각했다. 답례를 인색하게 하면 추장의 명예나 위신이 떨어지고, 선물을 많이 베풀면 베풀수록 추장의 명예나 위신도 올라간다고 생각했다.

현대 사회라고 해서 다르지 않다. 선물에는 눈에 보이지 않은 의무감이 존재한다. 사실 선물을 하지 않아도 되는 사람에게 선물하는 경우는 그리 많지 않다. 물질적인 종류든 감정적인 종류든 간에 마음의 빚이 남아 있기 때문에 이를 상쇄하려 하거나, 앞으로 잘 봐달라는 뜻으로 건네는 보험성 선물이 대부분이다. 선물은 시장에서 판매되는 실제 가치보다 받는 사람의 감정에 의해서 가치가 평가되기 때문에 선물을 고를 때 신중할 수밖에 없다. 뇌만 잘 쓰면 저렴한 비용으로도 실제 비용 대비 높은 효과를 거둘 수 있다.

현명하게 선물을 고르려면 다음 13가지를 명심하라.

하나, 평상시 마음에 두고 있던 물건을 선물하라 | 지나가다 슬쩍 흘린 말이라도 기억해 놓았다가 선물하면, 그것을 기억해 두었다는 사실에 감동하기 때문에 선물의 가치가 올라간다. 평상시 대화할 때 상대방이 무심코 한 말이라도 메모해 두면 나중에 선물할 때 유용하게 써 먹을 수 있다. 단, 유행을 타는 제품인지 아닌지를 반드시 확인해야 한다.

둘, 지나치게 실용적인 제품은 피하라 | 생일에 케이크를 선물하는 건 그리 현명한 선택이 아니다. 가족 중의 누군가 준비하기 때문에 중복이 될 확률이 높다. 또한 우리가 일상 속에서 흔히 사용하는 물건은 굳이 선물을 받지 않아도 습관처럼 구매해서 쓰기 때문에 생색이 나지 않는다.

셋, 새로 시작한 취미 활동에 주목하라 | 운동이든 여가 활동이든지 간에 처음 시작할 때는 필요한 게 많은 법이다. 한창 빠져들기 시작할 때 필요로 하는 것을 선물하면 정말로 갖고 싶은 물건이었기 때문에 기쁨이 두 배가 된다.

넷, 상대방의 취향을 고려하라 | 선물을 고를 때는 상대방의 취향을 고려해야 한다. 물건이 귀하던 시절에는 어떤 선물도 고마워했지만 요즘에는 취향에 맞지 않으면 일정 기간 장롱 속에 처박혀 있다가 쓰레기통으로 직행할 확률도 높다. 상대의 취향을 알고 싶으면 온라인이나 지인들을 통해서 탐색해 보는 것도 하나의 방법이고, 그래도 확신이 서지 않는다면 선물을 구입할 때 언제든지 교환이 가능하다는 제품 교환권을 발급받아 동봉하는 것도 하나의 방법이다.

다섯, 나의 취향에 맞는 선물을 골라라 | 캐나다의 멕길대학교 휴먼 박사팀은 1,500명의 남녀를 대상으로 다양한 실험을 한 결과 선물한 사람의 관심이나 취향이 반영된 선물이 친밀도를 높일 수 있다는 조사 결과가 나왔다. 선물을 고를 때는 타인의 취향을 배려하는 것도 중요하지만 가까운 사이라면 나의 취향이나 감각에 맞는 선물을 고르는 것도 현명한 선택이다.

여섯, 연령대를 고려하라 | 연령대에 따라서 갖고 싶은 물건이 달라진다. 연령대를 고려한 뒤 선물가게에서 전문가에게 문의하면 좋은 선물을 추천받을 수 있다. 연령대에 따라 유행처럼 퍼지는 제품이

있는데, 상대방이 아직 소유하고 있지 않다면 그걸 선물하는 것도 좋은 방법이다.

신기하고 특이한 선물은 뇌가 성장하는 시기에는 좋은 선물이 될 수 있지만 뇌가 성장을 멈춰 버린 성인들에게는 특이한 선물보다는 평범한 선물이 무난하다.

일곱, 서로의 관계를 기억할 수 있는 선물을 하라 | 선물에도 의미가 있고 적절한 시기가 있다. 결혼반지를 보면 결혼을 떠올리듯이, 서로의 관계를 기억할 수 있는 선물을 하면 더욱 의미가 있다. 본격적인 만남을 시작하는 단계라면 립스틱이나 넥타이핀 같은 선물을 하면 의미가 있다.

여덟, 나와 연관 있는 지역 특산품을 선물하라 | 좋은 물건을 받는 것도 좋지만 선물에서 그 사람을 떠올릴 수 있다면 더욱 의미가 있다. 고향의 특산품이거나 나와 어떤 식으로든 관련이 있는 지역의 특산품을 선물하면 남다른 느낌을 준다. 특히 외국인에게 선물을 한다면 우리나라의 문화나 정서를 느낄 수 있는 선물을 고르는 게 좋다. 희귀성 때문에 적은 비용으로도 감동을 줄 수 있다.

아홉, 추억을 선물하라 | 가까운 사람이라면 추억을 선물하는 것도 생각해 볼만하다. 선물을 꼭 물건으로 주라는 법은 없다. 추억에 남을 만한 특별한 장소에서 함께 멋진 식사를 하는 것도 훌륭한 선물이 된다. 특별한 공연을 보러가는 것도 좋고, 여행을 가는 것도 멋진 선

물이다.

열, 첫 번째 것을 선물하라 | 선물에도 적절한 시기가 있다. 자전거를 처음으로 탔을 때를 잊지 못하듯이 첫 번째 경험은 쉽게 잊히지 않는다. 성인이 되거나 졸업할 무렵 정장을 선물한다거나 해외여행을 못 가 본 사람에게 항공권은 특별한 선물이 된다.

열하나, 세상에서 하나뿐인 선물을 하라 | 직접 만들어서 문구를 새긴 머그컵이나 액세서리, 피규어 등 찾아보면 세상에 하나뿐인 선물도 의외로 많다. 물론 시간과 정성이 들어가지만 그 과정도 하나의 추억이라고 생각하면 시도해 볼 만하다.

열둘, 선물은 하나만 하라 | 선물을 할 때 뇌는 무의식중이라도 미리 가격을 정해 놓는다. 선물을 하나 고르고 나면 왠지 미흡해서 다른 선물을 추가로 사게 되는데 현명한 선택은 아니다. 여러 개의 선물을 받으면 뭘 받았는지 기억하기도 힘들고, 선물의 평균 가격이나 가치를 계산하기 때문에 하나만 사는 것보다 못하다.

열셋, 미리미리 준비하라 | 여행할 때, 쇼핑할 때, 벼룩시장을 지날 때 어떤 물건을 보는 순간, 반사적으로 누군가의 얼굴이 떠오를 때가 있다. 유행에 민감한 제품이 아니라면 미리 사 놓았다가 나중에 주는 게 좋다. 선물해야 할 시기에 비슷한 제품을 고르려면 마음에도 차지 않을뿐더러 훨씬 더 많은 돈을 지불해야 한다.

프랑스 철학자인 미셸 드 몽테뉴는 "거저 받는 선물만큼 비싼 것은 없다."고 했다. 엄밀한 의미에서 본다면 세상에 공짜 선물은 없다. 선물을 받을 만한 행위를 했거나 받을 만한 관계에 있기 때문이다. 뇌가 젊을수록 진짜 공짜 선물인지, 또 다른 목적이 있는 공짜를 위장한 선물인지를 정확히 구분해 낸다. 그러나 뇌가 나이를 먹으면 진실과 거짓을 구분하는 전측뇌섬엽Anterior insula 부위의 기능이 떨어져서 친절을 가장하고 다가오는 사람에게 쉽게 사기를 당하게 된다. 노인들을 불러 모아서 공짜 선물을 주고 터무니없는 가격에 건강보조식품을 팔아먹는 '떴다방'이 유행하는 이유도 이 때문이다.

나이를 먹을수록 뇌의 정보처리 기능은 점점 떨어진다. 늙어서도 총기를 유지하려면 꾸준한 운동과 식이요법 등으로 건강을 유지하고, 적당히 일을 해서 긴장의 끈을 늦추지 않으며, 새로운 학문이나 놀이를 익히거나 여행 등을 통해서 뇌에 활력을 불어넣어야 한다.

CHAPTER 6

마음
사용설명서

인간의 미래는 마음에 있다.
-알베르트 슈바이처

나는 그저 살아가기 위해 태어난 것이 아니다.
의미 있는 인생을 살아가기 위해 태어난 것이다.
-헬리스 브릿지스

몸을 움직이면
마음이 길을 찾는다

외국계 증권사에 다니던 L은 5년 전, 구조조정 때 퇴직했다. 재입사 하려니 마땅한 직장도 보이지 않고 나이도 어중간해서 결국 창업을 하기로 결심했다. 창업 관련 책을 읽는 한편 창업 스쿨도 다니고, 창업 지원센터에도 나가고, 창업박람회도 다니고, 성공 기업인 강연도 찾아다니면서 듣고, 각계각층의 전문가를 만나서 상담도 하다 보니 서서히 돈이 될 만한 사업들이 눈에 띄었다. 그런데 막상 시작해 보려고 깊이 조사하다 보면 저마다 리스크를 몇 가지씩 안고 있었다. 월 수익에 비해서 초반 투자 비용이 많이 들어간다든가, 제작 단가가 비싸서 경쟁력이 떨어진다든가, 홍보 비용이 많이 든다든가, 시장의 크기가 한정되어 있어서 피 튀기는 경쟁을 해야 하는 레드오션이라든가 등등….

어지간한 문제들은 창업지원센터의 도움을 받으면 해결할 수 있었다. 그러나 해결되지 않은 리스크만큼은 창업자가 돌파해야만 할 몫이었다. L은 갈등하다가 리스크라는 벽 앞에서 물러서고, 또 물러서곤 했다.

창업 준비 기간이 예상보다 오래 걸리자 L은 초조해지기 시작했다. 그동안 생활비로 적잖은 돈을 쓰는 바람에 사업 자금도 줄어들었고, 그와 함께 자신감도 뚝 떨어졌다. 같이 창업을 준비했다가 번듯하게 자리를 잡은 사람들을 만나면 부러움보다도 더 늦기 전에 시작해야 한다는 초조감에 휩싸이곤 한다. 어떤 때는 죽이 되든 밥이 되든 일단 벌여 놓고 싶은 마음도 들지만 창업 성공률을 생각하면 감히 엄두가 나지 않았다. 요즘에는 거리에 즐비한 입간판들을 올려다보고 있으면 문득, 이런 생각마저 든다.

'내가 과연 사업을 시작할 수 있을까?'

인생은 선택의 연속이다. 그러나 아무리 현명한 사람도 매번 바른 선택을 내린다는 것은 쉽지 않다. 사람에 따라서 차이는 있지만 선택을 내리는 뇌 자체가 이성적이기보다는 감정적인 측면이 강하기 때문이다. 인간은 원래 불완전한 존재다. 두려움이나 공포심과 같은 불안은 불필요해 보이지만 생존에 있어서는 필수적인 요소다. 인간의 뇌에 불안이 없었다면 인류는 오래전에 지구에서 사라졌을 것이다.

인류는 오랜 세월 동안 불안을 제거하기 위한 노력을 해 왔다. 집단을 이루고, 담을 높이 쌓고, 법을 제정하고, 군대를 조직하고, 평화 협정을 맺는 이유 등도 우리의 삶 속에서 최대한 불안을 제거하기 위함이다. 결국 인류의 꾸준한 노력으로 삶의 질은 개선되었고, 자연재해나 외부에서 시작되는 불안으로부터 어느 정도 해방되었다.

문제는 우리의 내면에 존재하고 있는 불안이다. 세상에는 매사에 긍정적인 사람도 있고, 부정적인 사람도 있다. 그러나 아무리 긍정적인 사람일지라도 불안으로부터 자유로울 수는 없다. 인간의 뇌는 불안에 익숙해져 있다. 외부에서 조금만 자극을 줘도 불안감은 이내 증폭된다.

인간이 변화보다 안정을 추구하는 까닭은 불안 자체를 싫어하기 때문이다. 두려움이나 공포심은 인체를 극심한 스트레스에 빠지게 하며 일상의 평화를 해친다. 그래서 뇌는 가급적 현재 상태를 유지하고 싶어 한다. 삶의 질이 평균 이상인 사람은 물론이고, 평균 이하의 삶을 살아가는 사람조차도 변화에 대한 욕망보다는 현재 상태를 유지하려는 경향이 강하다. 인간의 뇌는 새로운 것에 대한 호기심은 강하지만 실천력만큼은 형편없다. 뇌가 변화 자체를 싫어하기 때문인데 이러한 성향은 나이를 먹을수록 점점 심해진다.

우리 주변에 L과 같은 사람을 찾는 것은 그리 어렵지 않다. 실보다는 득이 훨씬 많은 다이어트조차도 시작하기가 쉽지 않은데, 파산에 대한 공포와 두려움을 안고 있는 사업 같은 경우는 더더욱 어렵다. 뇌는 '현명한 결정을 위해서'라는 핑계하에 필사적으로 온갖 불안 요소들을 끌어 모은다. 이러한 현상을 멈추게 하는 방법은 단 하나뿐이다. 그것은 일단 시작하는 것이다.

일단 시작하고 나면 불안감은 빠르게 줄어든다. 새로 시작한 일들을 처리하기 위한 신진 뇌세포들이 형성되고, 영향력이 줄어들어가는 기존 뇌세포를 밀어내면서 점차 영역을 확장해 나간다. 몸으로 부딪치는 과정에서 뇌는 불안감을 떨쳐내고 본격적으로 성공을 꿈꾸기 시작한다. '내가 과연 성공할 수 있을까?'라는 의문은 "나는 할 수 있다!"라는 확신으로 바뀌고, 뇌는 온갖 방법을 동원해서 도저히 극복할 수 없을 것 같았던 리스크를 하나씩 제거해 나간다. 때로는 예상했던 대로, 때로는 상상조차 할 수 없었던 기발한 방법으로.

《논어》의 '공야장'에 보면 이런 내용이 나온다.

'계문자가 세 번 생각한 뒤에 실천했다. 공자께서 이 말을 듣고 "두 번 생각하면 충분하다."고 말씀하셨다.'

유교를 따분한 학문으로 생각하는 사람들은 공자를 세상 경험 없이 지식만 앞세우는 '백면서생'으로 오해하기도 하는데, 공자는 실천주의자다. 지식을 쌓기보다는 실천할 것을 강조했다. 신중한 것도 좋지만 필요 이상 신중하다 보면 혼란만 가중될 뿐 실천력은 떨어지게 마련이다. 하고 싶은 일이 있다면 여러 가지 정황을 살펴본 뒤에 일단 시작하는 게 좋다. 멀리서 보면 빽빽한 숲도 가까이 다가가면 길이 보이기 마련이다.

몸이 움직이면 뇌가 스스로 길을 찾는다. 그전까지는 달아날 궁리만 하던 뇌가 그제야 풀가동이 되는 것이다. 그래서 승부사들은 배수진을 치고, 벼랑 끝에 나를 세우기를 좋아한다. 더 이상 물러날 곳이 없는 절체절명의 순간이기도 하지만 나의 능력을 최대한 이끌어낼 수 있는 절호의 기회이기 때문이다.

코넬대학교 칼 필레머 교수팀은 65세 이상의 노인 1,500명을 대상으로 "인생을 살아오면서 가장 후회되는 일은 무엇인가?"를 물었다. 그중 가장 많은 대답은 "너무 걱정하며 살지 말 걸 그랬다."는 것이었다. 인간은 한정된 시간을 살아가는 존재이다. 아까운 시간을 낭비해 가면서 닥치지도 않을 일을 걱정하거나, 해 보지도 않고 미리 걱정하는 것은 어리석은 짓이다.

헬렌 롤랜드는 "인생에서 가장 후회스런 일은 기회가 있을 때 저지르지 않은 행동."이라고 했다. 뇌는 자신이 결정하고 실행한 일이 실패로 끝났다 하더라도 후회하는 경우는 그리 많지 않다. 후회할 경우 마음의 평화를 찾지 못하는 데다 돌이킬 수도 없다는 걸 알기 때문에 '그래도 얻은 게 있잖아?'라며 스스로를 위로한다.

뇌는 처리해야 할 일이 많아서 완성된 일들은 장기 기억장치에 보관하거나 이내 잊어버린다. 그것이 비록 실패로 끝났을지라도 오래 붙들고 있지 않는다. 반면 완성하지 못한 일이나, 해 보지 못한 일들은 쉽게 잊지 못한다. 기회가 자주 찾아오지 않고 인생은 한 번뿐이라는 사실을 잘 알기 때문이다.

만약 해 보고 싶은 일이 있는데 어느 정도 가능성이 보인다면, 이것
저것 재느라 시간을 낭비하지 말고 일단 저질러라. 인간의 뇌 구조
로 볼 때 앉아서 걱정만 하는 햄릿의 삶보다는 용감히 돌진하는 돈
키호테의 삶이 더 행복하다.

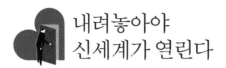

내려놓아야
신세계가 열린다

K는 지방대학 경제학과를 졸업하고 8년째 공무원 시험을 준비했다. 처음에는 7급 시험을 준비하다가 9급으로 돌렸으나 갈수록 경쟁률이 치솟아서 그마저도 쉽지 않았다. 결혼 적령기를 훌쩍 넘겼지만 변변한 직업이 없으니 결혼은 감히 엄두도 내지 못했다.

'왜 안 되는 걸까?'

주위 사람도 답답하지만 답답하기는 K 역시 마찬가지였다. 사실 점수는 합격권과는 약간의 거리가 있었다. 그러나 그동안 쏟아 부은 노력과 세월, 주변의 시선 때문에 포기하는 것도 쉽지 않았다.

그러던 중 보다 못한 매형이 친구가 재직하고 있는 인터넷 신문사에 기자로 취직해 보라고 권했다. 살아오면서 '기자'의 삶은 한 번도 상상해 본 적이 없기 때문에 처음에는 몹시 당황스러웠다. 월급은 용돈에 가까운 수준인 데다 직원도 몇 명 안 되고, 근무 환경도 열악해서 내키지 않았지만 K는 일단 부딪쳐 보기로 작정했다. 다른 친구들은 강으로 바다로 흘러가는 물줄기처럼 거침없이 더 큰 세상을 향해 나아가는데 혼자만 작은 웅덩이에 갇혀서 썩어가는 느낌이 들었기 때문이었다.

K는 8년 동안 등에 짊어지고 있던 '합격'이라는 짐을 내려놓자 마음이 홀가분했다. 처음에는 제대로 기사를 작성할 줄도 몰라 꾸중도 듣고, 취재원에게 멱살도 잡히고 심지어는 명예 훼손으로 고소를 당하기도 했다. 거기다가 첫 직장이었던 신문사가 월급도 두 달치나 밀린 상태에서 입사 6개월 만에 공중분해되고 말았다. 인터넷 신문사는 뜨고 지는 해처럼 수시로 생겼다가 수시로 사라졌다. K도 3년 동안 5번이나 이직을 해야 했다. 처우도 열악하고, 하루가 어떻게 지나갔는지조차 모를 정도로 분주한 나날들이지만 점점 기자라는 직업이 마음에 들었다.

K는 얼마 전 취재 과정에서 만난 간호사와 결혼했다. 일정이 맞지 않아 신혼여행은 연말로 미뤄 놓은 채, 동료 5명과 함께 인터넷 신문사를 차렸다. 그는 사라져 갈 위기에 처한 사법고시를 준비하는 고시생을 취재하기 위해서 신림동 고시촌을 찾았다가 대학 졸업 후 10년째 고시를 준비하고 있는 고시생을 만났다. 그의 모습에서 몇 해 전 자

신의 모습을 발견하는 것은 그리 어렵지 않았다. 그제야 비로소 신세계로 인도해 준 매형에게 감사한 마음이 들었다. 매형이 아니었더라면 지금도 '합격'이라는 무거운 짐을 진 채 늪에서 허덕이고 있을 게 분명했다.

일정한 속도로 흐르던 물줄기도 여울목을 만나면 물길의 흐름이 바뀐다. 세상은 늘 변하게 마련이지만 우리가 몸담고 있는 현대 사회는 여울목처럼 변화무쌍하다. 첨단 기술의 발달로 기존 직업들이 빠르게 역사 속으로 사라지고 새로운 직업이 속속 생겨나고 있다. 변화 속도가 지나치게 빠르다 보니 관련 법규는 물론이고, 사람들조차도 변화에 제대로 대응하지 못하는 실정이다. 전통이나 명분에 사로잡혀서 점점 사라져 가는 일들을 붙들고 있는 사람도 적지 않고, 뭘 해야 할지 모르다 보니 K처럼 의욕이 사라져 버린 뒤에도 습관처럼 도전을 계속 하고 있는 사람도 적지 않다.

건강하고 행복한 삶을 살기 위해서는 좌뇌와 우뇌가 골고루 발달해야 한다. 그러나 한 가지에 지나치게 집착하게 되면 좌뇌와 우뇌의 균형이 깨어져서 정보 처리에 문제가 발생한다. 사회성이 떨어져서 우울증이나 대인기피증에 걸리거나 집중력 부족으로 환청이나 환각 등과 같은 각종 질병에 시달리게 된다.

세상은 내 뜻대로 흘러가지 않는다. 최선을 다했음에도 불구하고 안 되는 일, 하고 나서도 후회하는 일, 보람이나 기쁨을 느낄 수 없는 일, 떠밀려서 마지못해 하는 일, 최선을 다하고 있음에도 불구하고 파산을 향해서 돌진하고 있는 것만 같은 느낌이 드는 일 등등…. 야속하게 들리겠지만 이런 일들은 더 늦기 전에 그만두는 게 좋다. 주먹을 꽉 움켜쥐고 있으면 다른 물건을 손에 쥘 수 없다. 뇌 역시 마찬가지다. 한 가지 일에 집착하고 있으면 눈앞에 좋은 기회가 지나가도 잡을 수 없다. "종일 일만 하는 사람은 돈 벌 시간이 없다."는 존 데이비슨 록펠러의 말처럼 뇌는 한 가지에 빠지면 오로지 그 일에만 몰두할 뿐이다.

뇌는 변화를 싫어하면서도 내심 변화를 갈망한다. 우리는 날마다 얼마나 자주 가슴 설레는 꿈을 꾸는가. 그러나 그 꿈들이 실제적으로 일어나기 위해서는 실천에 옮길 수 있는 그럴듯한 동기나 계기가 주어져야 한다. 혹시 날마다 이런 생각을 하고 있지는 않은가.

'내가 여기서 뭘 하고 있는 거지? 내가 원했던 삶은 이게 아니야!'

'이건 단순히 노력한다고 해서 되는 일이 아니잖아. 그만두자!'

만약 이런 생각을 자주 한다면 변화가 필요한 때다. 습관과 관성에 의해서 일을 처리하고 있지만 뇌는 진심으로 변화를 원하고 있다. 그만둬야 할지 계속해야 할지 스스로 판단하기 어렵다면 일단 뇌를 환기시켜라. 뇌를 환기시키기 위해서는 환경부터 바꿔야 한다. 하는 일을 잠시 중단하고 여행을 떠나거나 주변 사람들에게 진지하게 조언을 구하라.

거울 앞에 바짝 붙어 있으면 일부분은 잘 보이겠지만 전체적인 모습은 볼 수 없다. 한 발짝 멀리 떨어져서 바라봐야 나의 모습을 객관적인 시선으로 바라볼 수 있다.

인생은 눈부시게 아름다울 수도 있고, 칠흑처럼 어두울 수도 있다. 어떤 인생을 살아가느냐는 뇌를 어떻게 사용하느냐에 달려 있다. 삶이 어둡고 지치고 힘들다면 마음의 짐을 내려놓아야 한다. 지금 머물고 있는 곳을 슬며시 빠져 나와서 뇌에게 다른 생각을 할 시간을 주어야 한다. 여건만 만들어 주면 뇌는 스스로 행복을 찾아서 움직인다.

영국의 역사가인 토마스 칼라일은 "변화는 고통이다. 그러나 그것은 항상 필요한 것이다."라고 말했다. 우리가 사는 세상의 생명체는 유한하고, 시간은 늘 흘러가기 때문에 변화는 필수불가결한 것이다. 대체로 뇌는 보수적이지만 일단 환경이 바뀌면 그 어떤 환경에서도 쉽게 적응한다. 따라서 변화 자체를 두려워할 필요는 없다. 만약 나를 변화시키고 싶다면 내가 변하고 싶은 쪽의 정보를 계속 받아들여라. 관련 정보를 습득하고, 전문가를 만나고, 변화된 모습을 구체적으로 상상하라. 그러다 보면 뇌 속에 그쪽 세계와 관련된 뇌세포들이 일정한 세력을 형성하게 되고, 시간이 흐르면 그쪽 세계에서 일을 하고 있는 자신의 모습을 발견하게 될 것이다.

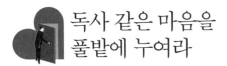

독사 같은 마음을
풀밭에 누여라

P는 중산층 가정에서 큰 어려움 없이 성장했다. 한국의 부모들이 그렇듯이 그의 부모 역시 교육열이 강했다. 어려서부터 학습은 물론이고 피아노, 바이올린, 바둑, 검도, 테니스 등등 다양한 과외활동을 했다. 특출 나게 잘한 것은 없었지만 대회에 나가면 어느 종목이든 간에 은상이나 동상 정도는 받아올 정도의 재능은 있어서 집안에 상장이 한 벽면을 장식하고도 남았다.

"넌 난놈이야!"

변호사인 아버지는 그에게 수시로 자신감을 심어 주었고, P 역시 자연스럽게 받아들였다. 자신감이 넘치자 성적도 올랐고, 매년 학급 회장이나 부회장을 맡아서 했다. 부모의 열성적인 교육 덕분에 그는 한국 최고의 대학은 아니지만 명문대에 진학했고, 졸업과 동시에 대기업에 취직했다.

P는 마케팅 팀에서 일했는데 대리를 달 때까지는 모든 게 순탄했다. 좋은 사수를 만나서 일을 잘 배울 수 있었고, 경쟁에서 지고 싶지 않아 밤늦게까지 일한 덕분에 업무 센스가 있다는 칭찬도 들었고, 대인 관계도 무난해서 호인 소리도 들었다.

그러던 어느 날, 마케팅 팀에 변화의 바람이 불어왔다. 팀장이 새로 부임하면서 쪼개져 있던 마케팅 팀이 하나로 합쳐졌고, 무한 경쟁 체제로 돌입했다. 그동안 다른 팀이었던 오 대리가 발군의 실력을 발휘하며 팀장의 사랑을 독차지했다. P의 기획안이 팀장의 쓰레기통 속에 박히는 횟수가 늘어 가는가 싶더니, 급기야는 "짬밥을 그만큼 먹었으면서도 일처리를 이따위로밖에 못 해?"라는 꾸중을 듣기에 이르렀다.

평생 칭찬만 들으며 자랐던 P에게는 큰 충격이었다. 스트레스를 해소하기 위해서 팀장에게 속으로 갖은 욕설을 퍼부었지만 점점 울화만 쌓여 갔다. P는 무너진 자존감을 회복하고자 밤낮을 가리지 않고 일했다. 그러나 결과는 바뀌지 않았다. P는 결국 위궤양에다 우울증, 불면증까지 겹쳐서 병원에 입원하는 신세가 되었다. 열흘 남짓 입원해 있으니 몸은 정상으로 돌아왔다. 그러나 다시 출근해서 팀장과 오 대리를 만나야 한다고 생각하니 절로 한숨이 나왔다.

자신감과 자존감을 혼동하기 쉽다. 그러나 둘은 질적으로 완전히 다르다. 자신감이 남에게 인정받기 위한 마음이라면 자존감은 자신의 존재를 그대로 인정하는 마음이다.

자신감은 반복되는 경쟁에서의 승리와 주변 사람들의 반응을 통해서 형성된다. 학교에서 백 점 맞아온 학생에게 잘했다고 칭찬하면 자신감이 쑥 올라간다. 신이 나서 다음 시험도 잘 봐야겠다는 마음이 생긴다. 그러다 다음 시험에서 80점을 맞아 왔다고 꾸중을 듣게 되면 자신감은 뚝 떨어진다. 반면 자존감은 결과와 상관없이 자신을 있는 그대로 존중하는 마음이다. 그 밑바탕에는 인간의 존엄성과 함께 '나는 세상에 유용하고 가치 있는 인간이다.'라는 인식이 깔려 있다. 학생의 자존감을 높여 주려면 학교에서 백 점을 맞아왔을 때는 물론이고 80점을 맞아왔을 때도 칭찬 내지는 격려를 해 줘야 한다.

한국인은 서양인에 비해서 자존감이 낮다. 서양인은 결과 못지않게 과정도 중시 여기는 반면 한국인은 결과에만 지나치게 집착하기 때문이다. 그러다 보니 성장 과정에서 주변 사람의 눈치를 보게 된다. 이러한 눈치 보기는 특히 외모에서 두드러지게 나타난다.

취업 포털 사이트에서 최근에 조사한 결과에 의하면 한국 남성의 85.4%, 여성의 92.9%가 외모 콤플렉스를 지니고 있는 것으로 드러났다. 2014년 세계적인 패션잡지 〈엘르ELLE〉에서 42개국 여성을 상대로 한 외모 만족도 조사에서 한국은 39위를 차지했다. 유럽권 국가인 독일77%, 체코75%, 러시아75%, 노르웨이71%가 높았고, 한국37%은 대만50%은 물론 중국45% 보다도 낮았다. 이러한 현상은 외모 지상주의를 부추기는 매스 미디어와 사회 분위기의 영향도 무시할 수 없다. 하지만 그보다 근본적인 이유는 성장 과정에서 자신의 생각이나 철학보다는 타인의 반응을 통해서 결과를 받아들이는 데에 있다. 부모들은 80점을 받아오면 더 잘하라는 의미로 꾸짖지만 학생은 80점이라는 점수보다도 부모의 눈치를 보기에 급급하다. 그러니 아무리 다양한 경험을 해도 그 경험을 통해서 성적이나 인생에 대한 철학이나 가치관이 형성될 리 만무하다. 그런 의미로 보면 P의 부모는 아이의 기를 살려 주는 데는 성공했다. 그러나 자신감만 심어 줬을 뿐 자존감을 심어 주지는 못했다.

영화 〈헬프The Help〉는 2009년 출간된 캐서린 스토킷의 동명 소설이 원작이다. 1960년대 초반 미시시피 주 잭슨이라는 마을의 백인 가정에서 일하는 흑인 노동자 이야기를 감동적으로 그린 작품인데, 영화 속에서 흑인 가정부는 남학생들에게 인기가 없어서 풀이 죽어 있는 여주인공에게 이렇게 말한다.

"매일매일을 새롭게 살아가는 거야. 아침에 일어나면 새로운 결심들을 하는 거지. 너 자신에게 물어보렴. '오늘 나를 험담하는 바보 같은 말들에 귀 기울일 필요가 있을까?' 하고. 너의 엄마가 너의 삶을 결정해 주지 않아. 네 삶은 네가 결정하는 거야. 너는 분명히 나중에 큰 일을 할 거야!"

자존감을 높이려면 경쟁에서 이기려고 무리하지 말고, 결과에 연연하지 말고, 타인에게 잘 보이려고 애쓰지 말고, 자신의 약점이나 콤플렉스에 집착하지 말고, 센 척하며 허풍 떨지 말고, 타인과 비교하지 마라.

　성난 독사처럼 고개를 꼿꼿이 치켜들고 있는 마음부터 풀밭에 누여라. 그러면 마음이 그 위를 자유롭게 뛰어놀리니. 진정한 자신감은 자존감에서 나온다. 나의 부족한 점을 있는 그대로 받아들이고 결과를 수용하라. 내가 비록 형편없이 일처리를 했다고 해도 그것들이 나의 가치를 손톱의 때만큼도 훼손시킬 수 없다. 경험을 통해서 나는 점점 더 강해지고 아름다운 인간으로 변해 갈 뿐이다.

괴테는 "나는 인간이다. 그것은 곧, 경쟁하는 자라는 것을 의미한다." 고 말했다. 인간의 역사는 투쟁의 역사요, 경쟁의 역사다. 치열한 경쟁 속에서 살아오다 보니 뇌는 경쟁에 익숙해져 있고 경쟁 자체를 즐긴다. 경쟁은 누가 이길 줄 모르는 불확실한 상황이지만 뇌는 이런 상황을 즐긴다. 패배에는 위험이 따르기 마련이다. 반면 승리에는 보상이 뒤따른다. 뇌는 일단 경쟁을 시작하면 패배에 따른 위험보다는 승리에 따른 보상에 주목한다. 뇌에서는 보상에 대한 기대감으로 도파민과 같은 쾌락 호르몬이 분비된다. 뇌세포들은 경쟁에 이기기 위해서 정보를 신속하게 주고받고, 그 과정에서 기발한 아이디어가 튀어나오고 놀라운 발명을 하기도 한다.

경쟁이 인간의 능력을 극대화하는 것은 사실이다. 그러나 문제는 비슷한 상황에서 끝없이 이어지는 경쟁이다. 기업은 동기 부여를 위해서 각종 특혜를 내건다. 그러나 뇌는 신선한 환경이 주어지지 않는 한 자신의 능력을 한껏 발휘하려 하지 않는다. 오히려 스트레스만 가중시킬 뿐이다.

업무 스트레스로부터 벗어나는 방법은 최선을 다하되 결과에 연연하지 않는 것이다. 한 번 실패는 병가상사라고 하지 않던가. 업무를 처리하다 보면 잘할 때도 있고 못할 때도 있게 마련이다. 건강한 직장 생활을 하려면 상사가 일을 잘못했다고 꾸짖어도 마음에 담아두지 않는 여유가 있어야 한다.

욕심을 걷어내야
행복이 보인다

　개인 사업자인 S는 타인이 버린 가구나 가전제품을 모으는 게 취미다. 멀쩡한 제품이 버려져 있는 게 아까워서 하나둘 모아 수리해서 쓰다 보니 취미 아닌 취미가 되었다. 아내는 제발 좀 그만 갖고 오라고 애원하고, 그 역시 그러겠노라고 약속하지만 그때뿐이다.

　S는 홀어머니 밑에서 성장했다. 꿈도 많고 갖고 싶었던 것도 많았던 유년시절이었지만 어머니는 어느 것 하나 채워 주지 못했다. 공부는 단칸방에서 밥상을 펴놓고 했고, 운동화는 동네 형들이 신다 버린 걸 신어야 했다. 휴대용 녹음기를 귀에 꽂고 다니는 친구들을 보면 그렇게 부러울 수 없었다. 고등학교를 졸업하자마자 S는 용산 전자상가에 취직했다. 악착같이 돈을 모았고 7년 만에 사업을 시작했다. 선배 사

무실 한 귀퉁이에서 시작했는데 1년 만에 개인 사무실을 얻어서 독립했다. 사업을 시작한 지 12년째에 접어든 지금은 기존 사무실과 별도의 매장도 열었고, 정식 직원도 여섯 명이나 두고 있다. 그동안 돈도 제법 모아서 강남에 아파트도 사고, 회사 업무용으로 고급 승용차도 샀다. 하지만 S는 벌기만 할 뿐 정작 돈을 쓰는 사람은 따로 있었다. 그는 여전히 자신을 위해서 쓰는 돈은 만 원도 아까워 벌벌 떠는데, 아내는 한 번 백화점으로 쇼핑을 가면 몇십만 원쯤은 가볍게 썼다. 그는 어릴 적 과외는커녕 학원 한 번 제대로 다녀본 적 없는데 초등학교 3학년인 딸아이는 아침부터 한밤중까지 개인 교습을 받았다.

아내의 헤픈 씀씀이와 교육비 때문에 부부 싸움도 숱하게 했다. 아무리 어르고 달래도 소용이 없었다. 심각하게 이혼도 생각해 봤고, 별거도 해 봤고, 이혼 서류에 도장을 찍은 적도 있었다. 그러나 홀어머니 밑에서 자라 가정의 소중함을 잘 아는 터라 마지막 단계에서 매번 물러서곤 했다. 동창회에 나가면 속 모르는 고등학교 동창들은 성공한 삶이라며 부러워했다. 그러나 당사자인 S의 생각은 달랐다. 그는 한 번도 자신의 삶에 만족해 본 적이 없었다.

"성공은 무슨…. 내가 누구처럼 300억짜리 빌딩을 갖고 있는 것도 아니고, 직원이 수백 명쯤 되는 번듯한 기업체를 경영하는 것도 아니고, 그렇다고 이름만 대면 누구나 아는 유명 인사가 된 것도 아니잖아? 난 아직 멀었어! 가야 할 길이 백 리라면 나는 고작 십 리쯤 왔을까?"

S는 첫 직장을 다닐 때처럼 아침 7시면 집을 나선다. 차를 몰고 가다 신호등에 걸리면 인근 빌딩을 둘러본다. 길을 걷다가도 멋진 빌딩 앞에서는 걸음을 멈추고 유심히 살핀다. 그의 꿈은 오십이 되기 전까지 300억대 빌딩을 구입하는 것이다. 그때까지는 최대한 돈을 모아야 하는데 아내가 전혀 협조하지 않으니 야속할 뿐이다. 가게 문을 닫고, 뒷정리까지 마치고 돌아오면 밤 10시다. 아내는 딸아이 방에서 과제를 도와주고 있으면서도 코빼기도 내비치지 않는다. 열흘 전쯤 딸아이를 미국으로 어학연수 보내는 문제를 놓고 부부 싸움을 한 뒤로 아예 입을 다물었다. 그 역시 한 고집하지만 아내 역시 황소고집이다. 아무리 이야기해 봤자 쇠귀에 경 읽기다. 이제는 어르고 달래기도 지쳐서 포기하고 산다.

'흥! 누가 이기나 보자! 내가 그 돈을 줄 것 같아?'

S는 냉장고에서 반찬을 꺼내서 늦은 저녁을 먹는다. 허기진 배를 채우고 거실 소파에 등을 기댄다. 식곤증 때문일까, 피곤하기 때문일까. 텔레비전 속에서 웃고 떠드는 사람들을 보고 있으니 전에 없이 자신의 삶이 불행하다는 생각이 든다. 그는 천천히 가전제품이며 가구들을 둘러본다. 유년시절과 비교하면 천국과도 같은 환경이다. 그 무엇 하나 빠진 게 없는 풍족한 삶인데도 어찌 된 일인지 전혀 행복하지 않다. 문득, 짙은 안개처럼 회의감이 밀려온다.

'내가 과연 꿈을 이룰 수 있을까?'

꿈이 있는 사람은 행복하다. 꿈이 있으면 현재의 외로움이나 고난도 충분히 이겨낼 수 있기 때문이다. 꿈을 이루기 위해서는 욕심이 필요하다. 그러나 그것이 오로지 '이기적인 욕심'이라면 곤란하다.

재물을 모아 부자가 되는 꿈은 수많은 사람들이 꾸는 꿈 중에 하나다. 그 꿈을 제대로 이루기 위해서는 가족이나 구성원과의 소통과 협력이 필요하다. 가족이나 구성원의 의견을 일체 무시한 채 돈을 모아 부자가 되려 한다면 그것은 꿈이 아니라 한낱 이기적인 욕심이다. 이기적인 욕심은 끝이 없기 때문에 부자가 된다고 해도 결코 행복해질 수 없다. 더 큰 부자가 되기 위해서 현재의 순간을 또 다시 희생할 뿐이다.

훌륭한 리더는 자신의 꿈을 기꺼이 나눌 줄 안다. 혼자서 그 꿈을 이루려고 발버둥 치지 않는다. 직원들과 소통을 통해서 지식, 정보, 영향력, 이익 등을 기꺼이 나눈다. 그래야만 조직원들이 하나의 꿈 아래 똘똘 뭉쳐서 헌신적으로 일하고, 결국 내 꿈이자 모두의 꿈이 이루어지는 것이다.

따라서 꿈을 이루기 위해서는 소통하는 힘이 뛰어나야 한다. 타인과 소통하기 위해서는 공감할 줄 알아야 하는데 다행히도 인간의 뇌에는 '미러 뉴런'이 있다. 뇌 과학은 타인과 소통하고자 마음만 먹는다면 누구나 소통할 수 있다는 사실을 보여 주고 있다.

또한 꿈을 이루기 위해서는 문제 해결 능력이 탁월해야 한다. 꿈을 향해 가는 길에 다양한 난제가 쌓여 있기 때문이다. 난제를 하나씩 풀어나가기 위해서는 좌뇌와 우뇌가 골고루 발달해야 한다. 좌뇌와 우뇌에는 여러 가지 기능들이 나뉘어져 있는데 서로 교신하며 원활한 정보를 주고받을 때, 뇌는 놀라운 해결책을 제시한다. 좌뇌와 우뇌가 발달한 사람은 사고가 유연하다. 한 가지 정보에만 집착하지 않으며 나와 생각이 다른 사람의 의견을 기꺼이 받아들일 줄 알고, 자신의 생각이 틀릴 수도 있다는 사실을 인정할 줄 안다.

개인의 아집과 이기적인 욕심은 인간의 눈을 멀게 한다. 주변에서 누가 뭐라고 하든 세상이 어떻게 변하든 개의치 않고 오로지 앞만 보고 달려간다. 그러나 그것은 '꿈'이라는 이름을 지닌 '개인의 이기적인 욕망'일 뿐이다.

인간의 최종 목적은 행복이다. 꿈을 이루려는 것도 결국 행복해지기 위해서다. 따라서 행복이 반영되지 않는 꿈은 제대로 된 꿈이 아니다. 행복해지고 싶다면 이기적인 욕심과 아집을 걷어내라. 가족과 주변 사람들과 소통하며 그 꿈을 기꺼이 나눠라. 인생은 혼자 살아가는 것 같지만 결코 혼자가 아니다. '나의 꿈'이 '함께 꾸는 꿈'이 될 때 비로소 행복이 찾아온다.

미국의 소설가인 헨리 브로멜은 "꿈은 영혼의 창이라고 하니, 그 창으로 안을 들여다보면 영혼의 본질을 볼 수 있을 것이다."라고 했다. 꿈은 그 사람의 영혼과 맞닿아 있다. 자다가 꾸는 꿈이든, 깨어 있을 때 꾸는 꿈이든 간에 그 재료는 우리의 영혼이다. 고로, 꿈은 영혼으로 빚는 '그 무엇'이다.

부자가 되고 싶은 욕망도 일종의 집착인데, 뇌는 집착에 빠지기 쉬운 구조다. 한 가지 생각에 몰두하게 되면 뉴런이 형성되고, 그 생각을 계속하면 할수록 세포 수가 점점 늘어나 거대한 세력을 형성한다. 따라서 한 번 집착하게 되면 헤어나기가 쉽지 않다. 건강한 집착이라면 상관없지만 오로지 개인의 이기적인 욕심을 채우기 위한 집착이라면 한시라도 빨리 버려야 한다.

집착에서 벗어나려면 스스로 처한 상황을 인정하고, 주변 사람들에게 내 의지를 밝히고, 환경을 바꾸고, 도움이 되는 사람을 가까이 하고, 명상과 휴식 등을 통해서 뇌를 환기시켜야 한다. 그래도 안 될 때는 전문기관을 찾아가서 전문가의 도움을 받아야 한다.

관계를 개선하면
인생이 바뀐다

연말이 되자 향우회 총무에게서 전화가 왔다. 모임 일자가 잡혔다며 올해는 꼭 참석해 달라고 신신당부했다. 통화를 마치고 나니 불현듯 그리운 친구들의 얼굴이 떠올랐다. 유년시절을 돌아보면 풍족한 삶은 아니었지만 벗들이 있어서 행복한 시간이었다.

B가 향우회 모임에 불참한 지도 어느덧 10년째였다. 그 무렵 B는 적자투성이인 사업체를 정리했다. 결정을 내리기 전까지가 힘들었지 막상 정리하고 나니 홀가분했다. 생계가 막막하기는 했지만 거리에 나앉을 정도로 쫄딱 망한 것은 아니어서 예상했던 것처럼 고통스럽지는 않았다. 집에서 하릴없이 빈둥거리다 보니 친구가 그리웠다. 모처럼 만에 시간도 넉넉하고 해서 고향 친구와 술 한잔 할 요량으로 T에

게 전화했다. 어디서 무슨 소문을 들었는지, 아니면 사업에 실패했다는 소식을 듣고 지레짐작한 건지는 모르겠지만 그는 전화를 받자마자 B를 외판원 취급했다.

"일 년 내내 연락도 없다가 네가 급하니까 전화하냐? 너 지금 나 보고 물건 하나 사 달라고 전화한 거잖아! 아니라고? 그럼 보험이야? 아니긴 뭐가 아냐! 야, 네 사정은 알겠지만 나, 너 못 도와준다. 돈이 없어서가 아니라 괘씸해서 안 도와주는 거야! 필요할 때만 연락하는 너 같은 놈은 친구도 아냐."

B는 그런 게 아니라, 옛 생각도 나고 해서 술이나 한잔 하고 싶어 전화했노라고 솔직하게 말했지만 믿지 않았다. 통화를 끊고 나니 황당하기도 하고 괘씸하기도 했다. 설령 외판 목적으로 전화를 했다 하더라도 어려움에 처한 친구에게 이런 식으로 대하는 건 인간에 대한 예의가 아니라는 생각이 들었다. B는 자신의 처지를 생각하자 설움이 밀려들었고, 이내 분노로 바뀌었다. 분노는 시간이 지나도 가라앉지 않았다. B는 그 뒤로 T와 절교했다. 절친하게 지냈던 고향 친구들과는 따로 연락해서 만났다. 그러나 T가 빠짐없이 나오는 향우회 모임에는 절대 나가지 않았다. 벌써 10년이라는 세월이 흘렀는데도 불구하고 그날 일을 생각하면 울화가 불끈 치밀었다.

주변에 보면 관계가 틀어진 사람을 쉽게 찾아볼 수 있다. 상사나 동료와 관계가 틀어진 경우는 다반사고, 부모나 형제와도 관계가 틀어진 사람도 적지 않다. 이처럼 관계가 깨어졌다는 것은 신뢰에 금이 갔거나 배신을 당했거나 마음에 상처를 입었음을 의미한다. 어긋난 관계를 개선하기 위해서는 용서가 필요한데 사실 용서라는 게 쉽지 않다.

용서에도 적절한 시기가 있는데 뇌가 '미해결 사건'으로 인식하고 있어서 단기 기억장치에 저장하고 있을 때다. 수시로 그 일이 떠올라서 마음이 불편하다면 더 늦기 전에 용서하고 화해하는 게 좋다. 상대방을 찾아가서 이런저런 이유로 그날 기분이 나빴다고 털어놓은 뒤, 상대방의 입장을 들어볼 필요가 있다. 상대방이 잘못을 인정하고 사과하면 용서해 주는 게 서로에게 유익하다.

B처럼 절교를 선언해 버리면 그 사건은 장기 기억장치로 옮겨진다. 뇌는 절교를 기정사실로 받아들여서 그에 따른 행동을 개시하기 시작한다. 그의 얼굴을 최대한 안 보려고 하고, 그의 이름만 들어도 괜히 기분이 나빠진다. 특별한 계기가 없는 한 두 사람의 어긋난 관계는 죽을 때까지 지속된다.

용서는 상대방을 위해서가 아니라 나 자신을 위해서 하는 것이다. 묵은 감정을 마음에 품고 있어 봤자 좋을 게 없다. 그 일을 잊지 못하고 수시로 불러내서 화를 내는 것은 아까운 뇌 에너지만 낭비하는 꼴이다. 또한 대인 관계적인 측면에서도 좋지 않다. 사실 용서처럼 어려운 일도 없지만 용서처럼 쉬운 일도 없다. 손바닥 뒤집듯 한순간만 마음을 바꾸면 된다. 만남이 번거롭고 어색하다면 전화로 이야기를 나눠도 되고, 메일로 섭섭한 마음을 전해도 된다. 서로 생각을 주고받다 보면 잘잘못이 가려지고 누군가는 반드시 사과를 하게 된다.

위에서 예로 든 B와 T는 둘 다 나의 친구인데 두 사람은 얼마 전에 극적으로 화해했다. 화해하게 된 계기는 축구 시합 때문이었다. B는 학교 대표로 뛰고 있는 중학교 2학년생인 아들의 축구 시합을 보러 갔다가 이상한 광경을 목격했다. 아들은 오른쪽 공격수인데 왼쪽으로 볼을 넘기지 않았고, 왼쪽 공격수 역시 오른쪽으로 볼을 넘기지 않았다. 드넓은 운동장의 반쪽만을 사용하며 공격했으니 시합에서 지는 건 당연했다. 감독에게 혼쭐이 난 아들을 음식점으로 데려갔고 왜 왼쪽 공격수에게 패스하지 않았냐고 물어보니, 시합 며칠 전에 대판 싸웠다고 했다.

아들의 이야기를 듣고 B는 T를 떠올렸다. 자신도 아들처럼 유치한 감정 때문에 인생이라는 중요한 시합을 망치고 있는지도 모른다는 생각이 들었다. 그날 저녁 술 한잔 마신 김에 T에게 전화를 걸었다. T는 어색하게 전화를 받았고, 두 사람은 한 시간 넘게 통화했다. T는 그날 뽑은 지 얼마 안된 차가 접촉 사고가 나서 정신이 반쯤 나가 있었는데, 외판 목적으로 전화를 건 친구가 두 명이나 있었다고 했다. 그래서 자신도 모르게 신경질적으로 받았다며 진심으로 사과했다.

다음 날 아침에 일어났을 때 B는 인생이 바뀌었음을 깨달았다. 빠삐용이 뗏목을 만들어 타고 무인도를 탈출했듯이 마침내 닫힌 세계로부터 탈출한 것만 같은 해방감을 느꼈다. 회색 구름이 뒤덮은 듯 칙칙하기만 했던 세상이 밝고 환하게 보였다. 기분 때문인지 모르지만 B는 그날 이후로 좋은 사람도 많이 만났고 사업 또한 번성했다고 고백했다.

어긋난 관계는 줄줄 새는 수돗물처럼 감정을 소모시킨다. 한시라도 빨리 개선하는 게 정신 건강에 좋다. 혹시 아는가. 그 사람이 정말로 내 인생을 바꿔 줄 귀인일지.

영국의 시인인 사무엘 존슨은 용서에 대해 이렇게 말한다. "진실로
시간의 귀함을 아는 현명한 자는 용서함에 있어 지체하지 않는다.
왜냐하면 용서하지 못하는 불필요한 고통으로 말미암아 헛된 시간
을 허비하고 싶지 않기 때문이다."

뇌 과학자들의 연구에 의하면 용서를 베풀 경우 뇌 세포의 조직 자
체를 바꿀 수 있다고 한다. 용서는 마음을 치유하는 힘이 있다. 만약
어긋난 관계를 개선하고 싶은데 쉽게 용서가 되지 않는다면 명상을
하거나 종교의 힘을 빌리는 것도 하나의 방법이다.

사실 용서를 못하는 사람은 그 사람의 성격 탓이라기보다는 '용서'
의 의미 자체를 깊이 생각해 보지 않았기 때문일 수 있다.

행복은 사소한 일상 속에 숨겨져 있다

U는 대기업 전무다. 이십 대 중반 무렵에 입사해서 30년 가까운 세월을 회사를 위해 바쳤다. 지금의 자리에 오르기까지 U는 아침부터 밤 늦게까지 일했고, 주말에도 일이 있으면 출근하는 걸 당연시 여겼다.

삼형제 중 장남이었던 U는 부모님을 모시고 살지는 않았지만 장남으로서의 의무감만은 한시도 잊은 적 없다. 제사, 부모님 생신, 어버이날은 꼬박꼬박 챙겼고, 집안에 무슨 일이 있으면 한걸음에 달려갔다. 또한 출장이나 골프 약속 같은 특별한 일이 없으면 아내와 함께 주말 미사에 참석했다. 하지만 회사 일이 워낙 바쁘다 보니 1남 1녀의 자식 교육은 아내가 도맡아서 했다. 기억을 더듬어 봐도 아이와의 추억은 많지 않았다. 갓난아기 때 몇 번 안아주고, 어린이날 놀이공원에 몇 차례 데려가고, 휴가 때 잠시 놀아 준 기억이 전부였다. 그런데 어느새 아이들이 자라서 군인이 되고 대학생이 되어 있었다.

U가 회사에 입사했을 때만 해도 사내 분위기가 지금과는 완전히 달랐다. 집안에 일이 있다면서 상사가 퇴근하기도 전에 먼저 퇴근했고, 부서별로 가족사진 콘테스트를 열어서 화목한 가정에 시상을 했고, 한 달에 하루는 '가족 데이'로 정해서 일찍 퇴근하기도 했다. 아내와 아이들 생일까지 따로 챙겨 주는 부서도 있었다. 평일에 가족과 손잡고 연극도 보고, 놀이공원에 가서 놀이기구도 타고, 도자기도 빚으며 행복해하는 직원들의 사진을 찬찬히 들여다보고 있으면 묘한 기분이 들었다. 키울 때는 몰랐는데 나이를 먹은 때문인지 아이들의 귀여운 표정이 눈을 사로잡았다.

U는 사회적으로 성공해서 자신의 인생에 대한 자긍심과 성취감은 있었지만 돌이켜보면 하루하루가 즐겁거나 기쁘지는 않았다. 장남으로서의 의무감, 가장으로서의 의무감, 회사 임직원으로서의 의무감, 신자로서의 의무감에 떠밀려 그 긴 세월을 걸어온 것 같았다. 남들 속 사정을 모르니 행복해 보이는 것이고, 누구의 인생인들 특별하겠는가마는 요즘 젊은이들이 살아가는 모습을 보면 왠지 씁쓸한 기분이 들었다. 자신의 인생을 요리에 비유한다면, 분명 들어갈 재료들은 다 들어갔는데 몇 가지 양념이 빠져서 제맛이 나지 않은 건 아닐까 하는 생각이 들었다.

U는 퇴직하고 나면 그동안 못 해 봤던 사소한 일들을 해 볼 요량으로 틈틈이 버킷 리스트를 작성하고 있다. 그는 지금까지 43개를 썼는데 그중에는 밭 농사짓기, 웹툰 그리기, 시 70편 쓰기, 마라톤 완주하기, 아내와 데이트할 때 갔었던 시장 골목을 찾아가서 떡볶이를 먹는 일 등이 포함되어 있다.

한국인이 좋아하는 명시 중에 메리 R. 하트먼의 〈삶은 작은 것들로 이루어졌네〉라는 시가 있다. 시인은 놀라운 통찰력으로 삶의 진실을 들려주고 있다.

> 삶은 작은 것들로 이루어졌네.
> 위대한 희생이나 의무가 아니라
> 미소와 위로의 말 한마디가
> 우리 삶을 아름다움으로 채우네.
> 간혹 가슴앓이가 오고 가지만
> 그것은 다른 얼굴을 한 축복일 뿐
> 시간이 책장을 넘기면
> 위대한 놀라움을 보여주리.

사실 우리가 느끼는 대부분의 감정은 뇌 속에서 분비되는 신경전달 물질의 분비에 지대한 영향을 받는다. 뇌에서는 40여 종의 신경전달물질이 분비된다. 도파민은 쾌락과 긍정적인 마인드, 식욕, 성욕 등을 느낄 때 분비되고 노르아드레날린은 불안, 부정적인 마인드, 스트레스 등을 받을 때 분비된다. '행복 호르몬'이라 불리는 세로토닌은 식욕과 포만감을 관장하는 한편, 지나친 쾌감이나 불쾌감을 느끼지 않도록 도파민과 노르아드레날린의 분비를 적절히 조절한다. 따라서 신경전달물질 분비에 이상이 생기면 자살 충동, 불면증, 우울증, 조울증, 거식증, 폭식증과 같은 각종 정신 질환에 시달린다. 그렇다면 우리를 행복하게 하는 세로토닌은 어느 순간에 분비되는 걸까? 오랫동안 꿈꿔 왔던 일을 해 내거나 놀라운 발명품을 발견했을 때도 성취감으로 인해 분비되지만 우리의 일상 속에서 더 자주 분비된다. 좋은 사람과 마주 앉아 천천히 음식을 먹을 때, 햇볕을 쬘 때, 운동을 할 때, 명상을 할 때 세로토닌이 분비된다.

행복은 일상 속에 있다. 단순히 음악을 듣는 행위만으로도 뇌에서는 도파민이 분비되어 기분이 좋아진다. 뇌 과학은 행복이란 멀리 있지 않고 가까이 있음을 증명하고 있다. 그러나 많은 이들이 벨기에의 극작가인 모리스 마테를링크가 쓴 〈파랑새〉라는 희곡 속의 남매처럼 행복을 찾기 위해 엉뚱한 곳을 헤매고 있다.

행복해지고 싶다면 사소한 순간들을 찬찬히 즐겨라. 혼자라도 괜찮지만 가족이나 친구와 함께 그 순간들을 한껏 즐긴다면 그보다 행복한 인생이 어디 있으랴.

인생에 대해서 꾸준히 성찰해 온 벤저민 프랭클린은 "행복은 아주 드물게 찾아오는 거창한 행운보다 매일 일어나는 자잘한 편리함과 기쁨 속에 깃들어 있다."고 말한다.

뇌는 작은 일에도 기뻐할 준비가 되어 있다. 일상의 사소한 것들에 의미를 부여하고 그 순간을 음미하면서 즐겨라. 만약 삶이 우울하고 지루하게 느껴진다면 재미있는 영화나 코미디 프로를 찾아보는 것도 하나의 방법이다. 그조차도 번거롭다면 거울 앞에서 자주 웃는 연습을 하라. 미소를 짓고, 소리 내서 웃다 보면 뇌는 좋은 일이 있는 줄로 알게 되고, 정말로 삶이 즐거워진다.

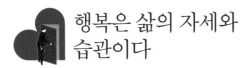

행복은 삶의 자세와 습관이다

K 대리는 대기업 인사팀에서 근무한다. 그는 아침에 일어나면 아파트 베란다에 서서 창밖을 보며 혼잣말을 중얼거린 뒤 하루를 시작한다.

"오늘은 왠지 좋은 일이 생길 것 같아."

세수를 하다가 거울 속의 자신과 눈이 마주치면 잠시 대화를 나눈다.

"자네 참 잘생겼어. 미소가 백만 불짜리야!"

엘리베이터를 타고 지하 주차장으로 내려갈 때는 마을 주민에게 가볍게 인사를 건넨다. 오랫동안 해 온 습관이라서 주민들도 친근히 대꾸한다.

K는 차를 몰고 출근하다 접촉 사고를 냈다. 콧노래를 흥얼거리며 좋아하는 노래를 찾으려고 MP3를 조작하다, 골목길을 빠져나오는 차를

뒤늦게 발견하고 급브레이크를 밟았지만 미끄러지며 충돌했다. 그의 차는 앞 범퍼가 깨지는 정도였다. 그러나 상대방의 차는 운전석 문과 뒷좌석 문이 움푹 들어갔다. 양쪽 보험사에서 나왔고 K의 과실이 상당 부분 인정돼 8 : 2로 합의를 봤다. 그 바람에 K는 평소보다 늦게 출근했다. 점심을 먹으면서 운전, 특히 골목길 운전을 조심해야 한다며 생생한 체험담을 들려주었다.

"그래도 오늘 참 운이 좋은 것 같아! 보험요율이야 올라가겠지만 그래도 사람 안 다친 게 어디야? 오늘 기분이다! 점심은 내가 쏠게!"

직원들은 환호성을 지르며 일제히 S 대리를 돌아보았다. 삼 개월 전, 골목길에서 똑같은 차 사고를 내고서, 자기는 되는 게 하나도 없다는 둥 얼마나 투덜거렸는지 생생히 기억하기 때문이었다.

현대인은 숫자를 좋아한다. 겉으로 드러나는 일반적인 수치는 물론이고 복잡한 현상도 숫자로 계산해 보려고 시도한다. 경제학자들은 물론이고 심리학자들마저도 종종 숫자로 인간의 심리를 평가하려 한다.

세상을 살다보면 가끔 이런 게 궁금해진다.

'10년 뒤, 나의 행복 지수는 얼마나 될까?'

궁금하다면 '현재 나의 행복 지수는 얼마나 될까?' 곰곰이 생각해 본 뒤, 종이에다 백 점 만점에 몇 점인지 적어라. 지금 당신이 들여다보는 숫자가 10년 뒤에 당신이 느끼게 될 행복 지수다.

심리학자들이 7년~12년에 걸쳐 동일인을 대상으로 한 '자기 행복 평가 지수'를 측정했는데, 결과는 놀랍게도 세월이 흘러도 처음 조사했던 지수와 별반 차이가 없었다. 행복 지수가 높은 사람은 세월이 흘러 삶의 환경이 악화돼도 여전히 높았고, 행복 지수가 낮은 사람은 삶의 환경이 개선돼도 여전히 낮았다.

행복 지수가 쉽게 변하지 않는 까닭은 유전적 요인도 크지만 삶의 자세와 습관이 제각각이기 때문이다. 대형 교통사고가 나더라도 어떤 이는 살아남은 걸 행운으로 받아들이고, 그 안에 주어진 신호나 의미를 찾으려고 노력한다. 반면 어떤 이는 가벼운 교통사고가 나더라도 상대방의 부주의나 자신의 질책으로 돌린다. 상대방을 원망하거나 자신의 처지나 불운을 한탄한다.

몇 해 전, 세계 행복 지수를 측정한 결과 '부탄'이 1위를 차지해 세계를 깜짝 놀라게 했다. 부탄은 인도와 중국 국경 사이의 히말라야 산맥에 위치하고 있다. 인구 76만 명의 소국에다 1인당 GDP는 130위로 가난한 나라다. 그럼에도 불구하고 어떻게 이 나라 국민들은 스스로 행복하다고 느끼는 걸까? 행복은 물질의 풍요로움에 있지 않고 삶의 자세와 습관에 있기 때문이다. 뇌 과학자들의 연구에 의하면 개인의 행복에 영향을 미치는 요인은 유전적 요인이 50%, 환경적 요인 10%, 그리고 개개인의 선택이 40% 정도라고 한다. 어떤 사건이나 문제에 부딪쳤을 때 그것을 불행으로 받아들이느냐, 행복으로 받아들이느냐는 유전적 요인이 크지만 개개인의 노력에 의해서 충분히 바꿀 수도 있다는 의미다.

불행은 대개 작은 불행이 먼저 찾아온다. 그러나 이런 작은 불행들은 큰 불행이 오면 스르르 흔적도 없이 사라져 버린다. 그제야 뒤늦게 내가 불행하다고 느꼈던 순간들이 오히려 행복일 수도 있다는 깨달음을 얻는다. 행복한 사람은 작은 불행쯤은 행복하게 맞아들인다. 어차피 결과가 바뀌는 것도 아니고, 세상을 살다 보면 별의별 일들이 생길 수 있으니, 그 속에서 교훈을 찾는 편이 오히려 마음도 편하고 인생도 잘 풀린다는 사실을 알기 때문이다. 이러한 마인드를 지닌 사람들은 큰 불행이 밀려오더라도 자책하거나 포기하지 않는다. 순순히 받아들이거나 일상의 작은 행복들을 맛보면서 맞서 싸운다. 그래서 그들은 결코 불행해질 틈이 없다.

현재 행복 지수가 낮고 불행하다고 느낀다면 삶의 자세와 습관을 바꿀 필요가 있다. 행복과 불행은 동전의 양면과 같다. 무슨 일이 생겼을 때 어느 쪽 면을 선택하느냐는 개개인의 몫이다. 그러나 가급적이면 행복한 쪽을 선택하고 받아들이는 습관을 길러라. 그래야만 지금부터 점점 행복해져서, 10년 뒤에는 지금보다 더 행복할 거라는 기대감을 품을 수 있지 않겠는가.

조지 워싱턴의 아내인 마사 워싱턴은 행복에 관한 유명한 명언을 남겼다. "난 어떠한 상황에도 쾌활하고 행복하기로 단단히 마음을 먹었다. 우리 불행의 많은 부분이 상황이 아니라, 우리 태도에 의해서 결정된다는 것을 살면서 깨달았기 때문이다."

뇌 과학은 현명한 옛사람들의 생각이 맞았음을 증명하고 있다. 그렇다면 구체적으로 어떤 삶의 자세를 지녀야 매사에 행복해질 수 있는 것일까? 답은 우리의 좋은 이웃들에게 있다.

현재에 충실하고, 친절을 베풀고, 매사에 감사하며, 남과 비교하지 않고, 긍정 마인드를 지닌 사람들과 교제하고, 꿈을 갖고 인생을 주도적으로 살아가며, 바꿀 수 없는 것들을 받아들이고, 고난이나 시련을 도전 정신으로 극복해 내고, 건강한 식습관과 운동을 생활화하라. 매 순간 최선을 다해 살다 보면 삶은 신의 축복임을 깨닫게 된다.

의미를 찾으면
삶이 즐겁다

　Y씨는 중견기업에 근무하는 3년 차 과장이다. 그의 회사는 각종 공작 기계를 생산해서 수출하는데 외국과 국내에 영업망을 두고 있다. 그는 국내 영업팀 소속인데 입사하고 한동안 신규 거래처를 뚫기 위해 분주히 뛰어다녔다. 그러나 지금은 거래처가 안정되어서 그때에 비하면 비교적 한가한 편이다.

　요즘 Y씨는 인생이 재미없다. 그동안 정말 정신없이 살아왔다. 군대 갔다 오고, 대학 졸업하고, 취업하고, 결혼하고, 아이 낳아서 키우다 보니 어느새 30대 후반의 중년이었다. 노랫말처럼 머물러 있는 청춘인 줄 알았는데 청춘은 허망하게 지나갔다.

　그는 퇴근하면 발길 닿는 대로 걸으면서 거리를 한 시간 남짓 방황

한다. 그전에는 퇴근 후 배드민턴을 쳤는데 무릎을 다친 이후로 삼 개월째 쉬고 있다. 밤늦은 시간에 술집에서 친구들과 노는 청춘들을 보면 부럽다. 나이를 먹어서일까, 바쁜 나이이기 때문일까. 친구들과는 SNS로만 자주 연락을 주고받을 뿐 실제적인 만남은 뜸하다. 집에 돌아와도 저녁을 먹고 나면 마땅히 할 일이 없다. 아이는 학원에 가서 밤늦게 돌아오고, 아내는 요즘 인터넷 게임에 빠져서 정신이 없다. 소파에 앉아서 텔레비전 채널을 이리저리 돌려 보지만 채널만 많지 마땅히 보고 싶은 프로그램이 없다. 여행 관련 프로그램을 잠시 보다가 방으로 들어간다. 책을 펼쳐보지만 머릿속에 들어오지 않기는 매한가지다. 일찍 잠이나 자려고 침대에 누우니, 오래전 친구의 목소리가 환청처럼 들려온다.

"넌 꿈이 뭐니?"

"꿈이라…."

고등학교 때는 유엔에서 일하는 게 꿈이었다. 가난과 기아에 허덕이는 제3세계 아이들에게 옷과 음식, 약 등을 공급해 주고, 그들이 자립할 수 있도록 도움을 주고 싶었다. 그러나 그 꿈은 수능 시험이 끝나자마자 깨어졌다. 성적이 나오자 부모님은 선생님과 상담 끝에 경영학과로 결정했고, 그 역시 반발하지 않고 순순히 원서를 넣었다. 대학에 입학해서는 한때 원대한 꿈을 가진 '위대한 사업가'를 꿈꿨지만 개꿈이었는지, 초라한 사업가조차 되어 보지 못하고 졸업과 동시에 취업을 했다. 그 뒤로는 그냥 그 나이 때에 하는 일들을 하면서 적당히 살아왔다.

'삶이 왜 이렇게 재미없지? 다들 재미있어 죽겠다는 얼굴로 살아가는 것 같은데 왜 나만 이런 거야?'

뇌를 방치해 두는 것과 관리하는 것은 천양지차다. 목표도 목적도 없이 방치해 두면 인생을 충동적으로 살아가게 된다. 반면 목표를 세우고 능력에 맞게끔 적당한 미션을 주며 관리하다 보면 뇌는 능력 이상의 힘을 발휘한다.

세계적인 과학자나 운동선수들은 뇌를 자극하는 미션을 주면서 목표를 향해서 달려간다. 세상의 '위대한 것들'은 이렇게 만들어진다. 물론 때로는 '우연'이라는 것이 개입하기도 한다. 하지만 대개는 이조차도 뇌를 관리할 때 일어난다. 뇌는 진화의 결과이든 신의 창조물이든지 간에 세상에 태어난 이상, 의미 있는 삶을 살아가고 싶어 하는 본능이 있다. 평상시의 뇌는 게으르다. 뇌는 현재의 시스템에 순종하려는 경향이 있다. 자극을 주지 않는 한 스스로 변화를 시도하지 않는다. 그러나 어떤 계기로 인해서 변화하기로 최종 결정을 내리고 나면 눈빛이 변하면서 사람이 달라진다. 뇌의 전체 시스템에 변화가 일어났기 때문이다. 뇌 세포들은 각자 주어진 자리에서 최종 목표를 위해 가야 할 길을 탐색하는가 하면 중·단기 목표를 세우고 그 목표를 이루기 위해서 저마다 분주히 움직이기 시작한다.

이처럼 뇌가 뛰어난 시스템을 갖추고 있음에도 불구하고 최종 목표를 이루는 사람이 많지 않은 까닭은 뇌를 제대로 관리하지 못하기 때문이다. 뇌는 반복적인 환경이나 자극이 없는 심심한 상태를 싫어한다. 따분해하는 뇌가 다른 곳에 시선을 돌리지 못하게 계속 미션을 주고, 적절한 자극을 줘야만 목표와 관련된 신경세포 수가 유지되어서 뇌의 주도권을 행사할 수 있다. 그러나 대다수는 뇌의 체계적인 관리에 실패해서 작심삼일로 끝나고, 의지가 부족함을 탓한다.

독일에서 태어나 유년시절 미국으로 건너가서 살았던 사무엘 엘만은 78세의 나이에 〈청춘〉이라는 시를 썼다. 그가 활동했던 시기는 '뇌 과학'이라는 용어조차도 없던 시기였음에도 불구하고, 〈청춘〉이라는 시를 보면 그는 뇌가 어떤 시스템에 의해서 작동되는지 정확히 이해하고 있음을 알 수 있다.

청춘이란 인생의 어느 기간을 말하는 것이 아니라
마음의 상태를 말한다.
그것은 장밋빛 뺨, 앵두 같은 입술, 하늘거리는 자태가 아니라
강인한 의지, 풍부한 상상력, 불타는 열정을 말한다.

청춘이란
인생의 깊은 샘물에서 오는 신선한 정신,

유약함을 물리치는 용기,

안이함을 뿌리치는 모험심을 의미한다.

때로는 이십의 청년보다

육십이 된 사람에게 청춘이 있다.

나이를 먹는다고 해서 우리가 늙는 것은 아니다.

이상을 잃어버릴 때 비로소 늙는 것이다.

세월은 우리의 주름살을 늘게 하지만

열정을 품은 마음을 시들게 하지는 못한다.

고뇌, 공포, 실망 때문에 기력이 땅으로 떨어질 때

비로소 마음이 시들어 버린다.

육십 세이든 십육 세이든

모든 사람의 가슴속에는 놀라움에 끌리는 마음,

젖먹이 아이와 같은 미지에 대한 끝없는 탐구심,

삶에서 환희를 얻고자 하는 열망이 있다.

그대와 나의 가슴속에는

남에게 잘 보이지 않는 그 무엇이 간직되어 있다.

아름다움, 희망, 희열, 용기, 영원의 세계에서 오는 힘

이 모든 것을 간직하고 있는 한

언제까지나 그대는 젊음을 유지하리라.

영감이 끊어져 정신이 냉소라는 눈에 파묻히고

비탄이란 얼음에 갇힌 사람은

비록 나이가 이십 세라 할지라도

이미 늙은이와 다름없다.

그러나 머리를 드높여

희망이란 파도를 탈 수 있는 한

그대는 팔십 세일지라도

영원한 청춘의 소유자인 것이다.

　시인이 인생의 후반부에 발견한 삶의 통찰력이 놀랍다. 물론 노년이 되면 뇌의 여러 기능이 떨어지기는 하지만 뇌의 근본적인 속성마저 변하는 것은 아니다. 시인의 표현처럼 '열정을 품은 마음'을 시들게 하지는 못한다. 시를 읽을 때마다 '꿈을 향해서 열정을 간직한 채 희망이란 파도를 탈 수 있다면 영원한 청춘'이라는 삶의 자세에 마음이 숙연해진다.

인생이 무료하고 재미가 없다면 적당히 시간을 때울 거리를 찾을 게 아니라 삶의 의미를 찾아야 한다. 인생은 한 번뿐이다. 생이 끝나는 순간에 후회의 눈물을 흘리고 싶지 않다면 가치 있는 인생에 대해서 생각해 볼 필요가 있다. 어쩌면 먹고 살기가 바빠서 한 번도 그런 생각을 해 본 적이 없을지 모르겠지만 당신의 뇌는 간절히 그것을 원하고 있다.

알버트 아인슈타인은 "성공한 사람보다는 가치 있는 사람이 되라."
고 충고한다. 개인의 성공은 축하할 만한 일이지만 그것은 어디까
지나 자신을 위한 것이다. 반면 가치 있는 사람이 되려면 타인을 위
해서 희생할 수 있어야 한다. 성공은 종의 번식을 위한 생존 본능에
가깝지만 가치 있는 삶은 오로지 이성의 선택이다.

뇌를 어떻게 사용하느냐에 따라서 인생이 달라지는 것만큼은 확실
하다. 아직은 걸음마 단계에 불과할지라도 뇌 과학의 발달로 뇌를
완전히 이해하게 되는 수준에 이르면, 개인의 잠재력을 최대한 끌
어내서 원하는 삶을 살게 해 주는 '뇌 관리사'나 뇌의 고민이나 문제
점을 해결해 주는 '뇌 상담사'와 같은 직종이 각광받게 될 것이다.

마음의 문을
열어두어라

52세인 L씨는 외판원이다. 그는 오랜 투병 생활로 갑상선 대부분과 담낭을 잃어버렸다. 거기다 당뇨병을 앓고 있으며 관절염 초기 증세까지 있어서 오래 걸은 날에는 무릎이 욱신거려 편안히 잠들 수조차 없었다.

L씨는 '그들 형제'가 사용하는 것과 똑같은 멀티 믹서를 사고 싶다는 한 통의 전화를 받았고, 호기심에 이끌려 그들 형제의 레스토랑을 방문했다. 매장에는 8대의 멀티 믹서가 쉴 새 없이 돌아가고 있었다. 한여름이었음에도 불구하고 매장은 놀라울 만큼 청결했고, 메뉴는 단순했고, 종업원들은 작업을 세분업화해서 신속하게 일했다. 그동안 수많은 레스토랑을 방문했지만 이처럼 효율적인 시스템을 갖춘 매장

은 처음이었다. L씨는 진심으로 감탄했고, 마침내 기회가 찾아왔음을 직감했다. 기회를 살릴 방법을 강구하다가 그들 형제에게 새로운 제안을 했다.

"제가 지점을 내고 싶습니다. 허락해 주신다면 총 판매액의 0.5%를 지불하겠습니다."

그들 형제는 잠시 갈등하다가 L씨의 설득에 넘어가 계약서에 도장을 찍었다.

L씨는 여러분도 모두 아는 사람이다. 그의 이름은 바로 레이 크록이다.

1954년 캘리포니아 샌버다디노에 위치한 맥도날드 형제의 레스토랑을 방문한 건 그들이 사용하고 있다는 멀티 믹서에 대한 궁금증 때문이었다. 그러나 가게에 들어선 순간, 그의 마음을 사로잡은 건 체계적이고 전문화된 매장이었다. 메뉴는 놀라울 만큼 단순했다. 햄버거, 프렌치프라이, 음료수로 단 세 종류뿐이었다. 주문한 음식이 나오기까지 3분이 채 걸리지 않았다.

맥도날드 형제를 설득해서 허가권을 얻은 레이 크록은 시카고 데스 플레인에 맥도날드 1호점을 냈다. 예상했던 대로 가게는 성공을 거두었고, 자신감을 얻은 그는 체인점을 빠르게 늘려나갔다. 1961년 맥도날드 형제는 레이 크록에게 15년간의 로열티에 해당하는 270만 달러를 지불하면 모든 권리를 넘겨주겠다고 제안했다. 그는 빚을 내서 로열티를 사들임으로써 대박을 터뜨렸고, 맥도날드의 실질적인 주인이 되었다. 2013년 맥도날드의 브랜드 가치는 세계 4위였으며 액수로는 900억 달러로 추정했다. 〈타임〉이 선정한 '20세기의 가장 중요한 인물 중 1인'으로도 선정된 '레이 크록'의 성공 비결은 과연 무엇일까?

그것은 바로 마음의 문을 열어놓은 것이었다. 뇌는 스스로 가능성을 규정짓고, 규정지은 대로 행동한다. 나이를 먹고, 건강이 안 좋다고 해서 의기소침해서 마음의 문을 닫아버리면 그 어떤 기회가 찾아와도 발견하지 못한다. 환경이 안 좋고, 여건이 나빠질수록 '괜찮아! 이제부터 일이 잘 풀릴 거야!'라며 스스로에게 끊임없이 주문을 걸어야 한다. 그래야만 마음의 문이 닫히는 것을 방지할 수 있다.

파릇파릇하던 새싹도 가을이 되면 이파리가 변하고 이별을 차분히 준비하듯이, 나이가 들면 건강한 신체에도 각종 질병이 찾아온다. 노안이 와서 눈이 침침해지고, 고혈압이나 당뇨 같은 성인병이 찾아와 병원을 드나들다 보면 젊은 날의 패기와 열정은 한낮에 눈사람처럼 빠르게 녹아내린다. 기회가 제 발로 찾아와도 '이 나이에 도대체 내가 뭘 할 수 있겠어.'하며 스스로 체념하게 된다.

인간의 뇌는 20대에 절정을 이루었다가 40대가 되면서부터 서서히 그 기능이 감퇴한다. 60대가 되면 뇌의 부피가 줄어들고, 정보를 연결하는 고리 역할을 하는 시냅스도 감소하고, 해마의 크기도 줄어들면서 인지 능력과 기억력이 서서히 떨어진다. 또한 전전두엽도 작아져서 실행 능력이 예전 같지 않다. 그러나 나이가 들었다고 해서 뇌 기능이 전부 나빠지는 것은 아니다. 경험이나 학습에 의한 후천적 지능인 이해력, 통찰력, 언어 능력 등은 오히려 발달한다. 노인들의 눈치가 빠른 것도 이 때문이다. 또한 감정을 조절하는 능력이 발달해서 부정적인 감정보다 긍정적인 감정을 끄집어내는 데 익숙해진다. 그래서 나이 먹으면 오히려 행복감을 느끼는 사람들이 늘어난다.

나이를 먹고도 뇌 기능을 최대한 유지하기 위해서는 유산소 운동과 흥미로운 지적 활동을 해야 한다. 꾸준한 운동은 뇌 속에 산소와 포도당을 공급하여 뇌의 노화를 방지하며, 여행이나 독서와 같은 지적 활동은 인지 기능이 떨어지는 것을 막아 준다.

가는 세월을 어찌 잡겠는가. 하지만 마음의 문을 닫고, 그 안에 칩거하려 해서는 안 된다. 그것은 마치 마술사 지니가 들어 있는 호리병을 바닷물 속에 던져 버리는 것과 같다. 일단 마음의 문이 닫혀 버리면 뇌의 각종 기능이 현저히 떨어져서 노환이 일찍 찾아온다. 이제 남은 것은 관 속에 들어갈 일뿐이다.

세상일은 내 뜻대로 잘 되지 않는다. 그래서 인생이다. 우리는 신이 아니기에 부족함도 많고, 어리석은 행동도 저지르고, 실패도 하게 마련이다. 그렇다고 해서 심하게 자책할 필요는 없다. 마음의 문을 열어놓고 열심히 살다 보면 또 다른 기회가 찾아온다.

성공 가능성은 나이를 먹었다고 해서 더 떨어지지 않는다. 오히려 연륜도 쌓이고 경험도 풍부하기 때문에 큰 성공을 거둘 수도 있다. 스스로의 한계를 규정짓지 마라. 무슨 일을 시작하기에는 준비가 부족하다는 생각도, 나이가 너무 많다는 생각도 하지 마라. 문제의 본질을 제대로 파악하고 있다면 나머지 사소한 것들은 뇌가 잘 알아서 처리한다.

눈에 흙이 들어가기 전까지는 절대로 마음의 문을 닫지 마라.

그레이스 한센은 "인생이 어떻게 끝날까 두려워하지 마라. 당신의 인생이 시작조차 하지 않을 수 있음을 두려워하라."고 경고한다. 인생을 살아가면서 중요한 것은 '어린이의 눈'으로 살아가는 것이다. 뇌는 그 속성이 '어린이의 눈'과 닮았다. 건강이 비록 안 좋고 눈이 침침할지라도 호기심만큼은 잃어버리지 마라. 세상은 소풍이요, 인생은 보물찾기 놀이와도 유사하다. 스스로 한계를 규정짓지 않는다면 기회는 차고 넘친다.